海上絲綢之路基本文獻叢書

鴻泥雜志

〔清〕馬毓林 編

文物出版社

圖書在版編目（CIP）數據

鴻泥雜志 /（清）馬毓林編. -- 北京 : 文物出版社, 2023.3
（海上絲綢之路基本文獻叢書）
ISBN 978-7-5010-7921-6

Ⅰ. ①鴻… Ⅱ. ①馬… Ⅲ. ①雲南—地方史—史料—清代 Ⅳ. ①K297.4

中國國家版本館CIP數據核字（2023）第026230號

海上絲綢之路基本文獻叢書

鴻泥雜志

編　　者：〔清〕馬毓林
策　　劃：盛世博閱（北京）文化有限責任公司

封面設計：鞏榮彪
責任編輯：劉永海
責任印製：王　芳

出版發行：文物出版社
社　　址：北京市東城區東直門内北小街2號樓
郵　　編：100007
網　　址：http://www.wenwu.com
經　　銷：新華書店
印　　刷：河北賽文印刷有限公司
開　　本：787mm×1092mm　1/16
印　　張：11.5
版　　次：2023年3月第1版
印　　次：2023年3月第1次印刷
書　　號：ISBN 978-7-5010-7921-6
定　　價：90.00圓

總緒

海上絲綢之路，一般意義上是指從秦漢至鴉片戰爭前中國與世界進行政治、經濟、文化交流的海上通道，主要分爲經由黄海、東海的海路最終抵達日本列島及朝鮮半島的東海航綫和以徐聞、合浦、廣州、泉州爲起點通往東南亞及印度洋地區的南海航綫。

在中國古代文獻中，最早、最詳細記載『海上絲綢之路』航綫的是東漢班固的《漢書·地理志》，詳細記載了西漢黄門譯長率領應募者入海『齎黄金雜繒而往』之事，書中所出現的地理記載與東南亞地區相關，并與實際的地理狀况基本相符。

東漢後，中國進入魏晋南北朝長達三百多年的分裂割據時期，絲路上的交往也走向低谷。這一時期的絲路交往，以法顯的西行最爲著名。法顯作爲從陸路西行到印度，再由海路回國的第一人，根據親身經歷所寫的《佛國記》（又稱《法顯傳》）一書，詳細介紹了古代中亞和印度、巴基斯坦、斯里蘭卡等地的歷史及風土人情，是瞭解和研究海陸絲綢之路的珍貴歷史資料。

隨着隋唐的統一，中國經濟重心的南移，中國與西方交通以海路爲主，海上絲綢之路進入大發展時期。廣州成爲唐朝最大的海外貿易中心，朝廷設立市舶司，專門管理海外貿易。唐代著名的地理學家賈耽（七三〇～八〇五年）的《皇華四達記》記載了從廣州通往阿拉伯地區的海上交通『廣州通海夷道』，詳述了從廣州港出發，經越南、馬來半島、蘇門答臘島至印度、錫蘭，直至波斯灣沿岸各國的航綫及沿途地區的方位、名稱、島礁、山川、民俗等。譯經大師義净西行求法，將沿途見聞寫成著作《大唐西域求法高僧傳》，詳細記載了海上絲綢之路的發展變化，是我們瞭解絲綢之路不可多得的第一手資料。

宋代的造船技術和航海技術顯著提高，指南針廣泛應用於航海，中國商船的遠航能力大大提升。北宋徐兢的《宣和奉使高麗圖經》詳細記述了船舶製造、海洋地理和往來航綫，是研究宋代海外交通史、中朝友好關係史、中朝經濟文化交流史的重要文獻。南宋趙汝适《諸蕃志》記載，南海有五十三個國家和地區與南宋通商貿易，形成了通往日本、高麗、東南亞、印度、波斯、阿拉伯等地的『海上絲綢之路』。宋代爲了加强商貿往來，於北宋神宗元豐三年（一〇八〇年）頒布了中國歷史上第一部海洋貿易管理條例《廣州市舶條法》，并稱爲宋代貿易管理的制度範本。

元朝在經濟上採用重商主義政策，鼓勵海外貿易，中國與世界的聯繫與交往非常頻繁，其中馬可·波羅、伊本·白圖泰等旅行家來到中國，留下了大量的旅行記，記録元代海上絲綢之路的盛况。元代的汪大淵兩次出海，撰寫出《島夷志略》一書，記録了二百多個國名和地名，其中不少首次見於中國著録，涉及的地理範圍東至菲律賓群島，西至非洲。這些都反映了元朝時中西經濟文化交流的豐富内容。

明、清政府先後多次實施海禁政策，海上絲綢之路的貿易逐漸衰落。但是從明永樂三年至明宣德八年的二十八年裏，鄭和率船隊七下西洋，先後到達的國家多達三十多個，在進行經貿交流的同時，也極大地促進了中外文化的交流，這些都詳見於《西洋蕃國志》《星槎勝覽》《瀛涯勝覽》等典籍中。

關於海上絲綢之路的文獻記述，除上述官員、學者、求法或傳教高僧以及旅行者的著作外，自《漢書》之後，歷代正史大都列有《地理志》《四夷傳》《西域傳》《外國傳》《蠻夷傳》《屬國傳》等篇章，加上唐宋以來衆多的典制類文獻、地方史志文獻，集中反映了歷代王朝對於周邊部族、政權以及西方世界的認識，都是關於海上絲綢之路的原始史料性文獻。

海上絲綢之路概念的形成，經歷了一個演變的過程。十九世紀七十年代德國地理學家費迪南·馮·李希霍芬(Ferdinad Von Richthofen，一八三三～一九〇五)，在其《中國：親身旅行和研究成果》第三卷中首次把輸出中國絲綢的東西陸路稱爲『絲綢之路』。有『歐洲漢學泰斗』之稱的法國漢學家沙畹(Édouard Chavannes，一八六五～一九一八)，在其一九〇三年著作的《西突厥史料》中提出『絲路有海陸兩道』，藴涵了海上絲綢之路最初提法。迄今發現最早正式提出『海上絲綢之路』一詞的是日本考古學家三杉隆敏，他在一九六七年出版《中國瓷器之旅：探索海上的絲綢之路》中首次使用『海上絲綢之路』一詞；一九七九年三杉隆敏又出版了《海上絲綢之路》一書，其立意和出發點局限在東西方之間的陶瓷貿易與交流史。

二十世紀八十年代以來，在海外交通史研究中，『海上絲綢之路』一詞逐漸成爲中外學術界廣泛接受的概念。根據姚楠等人研究，饒宗頤先生是中國學者中最早提出『海上絲綢之路』的人，他的《海道之絲路與昆侖舶》正式提出『海上絲路』的稱謂。選堂先生評價海上絲綢之路是外交、貿易和文化交流作用的通道。此後，學者馮蔚然在一九七八年編寫的《航運史話》中，也使用了『海上絲綢之路』一詞，此書更多地限於航海活動領域的考察。一九八〇年北京大學陳炎教授提出『海上絲綢之路』研究，并於一九八一年發表《略論海上絲綢之路》一文。他對海上絲綢之路的理解超越以往，且帶有濃厚的愛國主義思想。陳炎教授之後，從事研究海上絲綢之路的學者越來越多，尤其沿海港口城市向聯合國申請海上絲綢之路非物質文化遺産活動，將海上絲綢之路研究推向新高潮。另外，國家把建設『絲綢之路經濟帶』和『二十一世紀海上絲綢之路』作爲對外發展方針，將這一學術課題提升爲國家願景的高度，使海上絲綢之路形成超越學術進入政經層面的熱潮。

與海上絲綢之路學的萬千氣象相對應，海上絲綢之路文獻的整理工作仍顯滯後，遠遠跟不上突飛猛進的研究進展。二〇一八年厦門大學、中山大學等單位聯合發起『海上絲綢之路文獻集成』專案，尚在醖釀當中。我們不揣淺陋，深入調查，廣泛搜集，將有關海上絲綢之路的原始史料文獻和研究文獻，分爲風俗物産、雜史筆記、海防海事、典章檔案等六個類别，彙編成《海上絲綢之路歷史文化叢書》，於二〇二〇年影印出版。此輯面市以來，深受各大圖書館及相關研究者好評。爲讓更多的讀者親近古籍文獻，我們遴選出前編中的菁華，彙編成《海上絲綢之路基本文獻叢書》，以單行本影印出版，以饗讀者，以期爲讀者展現出一幅幅中外經濟文化交流的精美畫卷，爲海上絲綢之路的研究提供歷史借鑒，爲『二十一世紀海上絲綢之路』倡議構想的實踐做好歷史的詮釋和注脚，從而達到『以史爲鑒』『古爲今用』的目的。

凡例

一、本編注重史料的珍稀性，從《海上絲綢之路歷史文化叢書》中遴選出菁華，擬出版數百册單行本。

二、本編所選之文獻，其編纂的年代下限至一九四九年。

三、本編排序無嚴格定式，所選之文獻篇幅以二百餘頁爲宜，以便讀者閱讀使用。

四、本編所選文獻，每種前皆注明版本、著者。

五、本編文獻皆爲影印，原始文本掃描之後經過修復處理，仍存原式，少數文獻由於原始底本欠佳，略有模糊之處，不影響閱讀使用。

六、本編原始底本非一時一地之出版物，原書裝幀、開本多有不同，本書彙編之後，統一爲十六開右翻本。

目録

鴻泥雜志

鴻泥雜志

四卷

〔清〕馬毓林　編

清道光六年刻本

鴻泥雜志

卷上

鴻泥雜志自叙

天地之大品彙之繁怪怪奇奇何所不有如必以親身涉歷之區所見所聞筆之於書以爲良朋聚談之助則游覽所弗及耳目所不周者終屬茫然是何殊於以蠡測海以管窺天徒貽笑於大雅乎然而九州徧歷世有幾人書生不出戶庭眼光如豆一旦筮仕分符凡山川風土古今人物以及謡諺詩歌見所未見聞所未聞使不登諸編簡則過而輒忘幾與入寶山而空回者無異況萬里遐荒尤爲廣輿諸書所不及詳者哉余於甲申冬季奉

命出守滇南渡黃河涉湘漢過洞庭由灘河抵鎮遠自鎮遠而南日日山行所見奇峯峭壁密箐深林苗夷之詭異花鳥之離奇不一而足至乙酉六月始抵滇省旋補麗郡麗郡居會城之西相距一千三百餘里界連川藏漢夷雜處其山川人物更有前人所弗及考核者幸其地僻事簡公餘之暇輒取道途所經及聞諸友人者抄錄成帙非敢借此以問世也異日萬里歸來重逢舊雨話邊疆之風景叙别後之游踪則於聯牀剪燭之餘以此編代吾口焉亦奚不可

道光丙戌長至後一日雪漁氏叙於麗署之雪印行窩

鴻泥雜志卷一

雪漁氏編

黔中山多陡峻鎮遠以西則文德關相見坡禹粱杠雲頂關貴陽以西則黃果樹鳳凰關石龍關打鐵關拉邦坡老鷹岩南車坡等處皆鳥道懸空肩輿須雇縴夫牵挽以行真不亞於蠶叢之蜀道矣

由常德雇麻陽船入灘河河水不甚深惟水中亂石参差與船相擊觸往往船爲石損自常德至鎮遠共有三百餘灘最險惡

者如淸浪灘黃獅滾洞滿天星高麗洞等不可枚舉每船皆用
縴夫十餘名牽挽而上水程之難無逾於此
辰州南有龍頭崖巉岩峭壁高不可攀下臨灘河波濤洶湧懸
崖石上刻有山水蒼泱及淸風明月等大字筆力雄健不知何
年何人所題
玉屏縣北門北有萬卷書崖崖石皆作套書形傳爲一邑文明
之脉
黔省山中多有洞而最爲著名者飛雲洞也洞在施秉縣西黃
平州東有小村名東坡村之東蘭若一區殿宇崇閎外殿祀關

帝由殿旁轉入後層絶壁凌空層級而上則洞見焉深五六丈層濶十餘丈鍾乳下垂無數石壁上有檀香木雕觀音大士立像法相莊嚴著大紅洋呢斗蓬旁侍善財龍女神致如生洞之對面有亭高聳竹樹環繞老松皆大數抱東偏巖頂有瀑布下注白練横空峯巒隱秀洞中聯額碑碣甚多迤西別有一院花木亭臺亦各極其盛爲仕宦往來休憩之所誠天地間一靈秀之區也

鎮遠有中元洞黄平州西有大風洞龍里縣東有牟珠洞内俱供有佛像均有幽邃之致然不及飛雲邃矣

貴陽東七里有山名圖雲關極頂有茶棚額曰可憩亭聯曰兩脚不離大道喫緊關頭須要認清岔路一亭俯覽羣山占高地步自能趕上前人目峯頂西望貴陽歷歷在目頗有俯視一切之勢

安平縣西三十里有村名石版房居民百家住屋皆以石片代瓦店内題壁詩甚多

石龍關西行二十餘里至餘糧堡去山稍遠新修大道俱用石板鋪平直至朗岱城十餘里絶無阻滯朗岱城街道亦極平坦令人眼界一清

過亦資孔三十五里始入雲南界有卡鋪木坊上題滇南勝境路北爲關聖祠路南有大茶棚額題平疇石畫聯云從那裏萬里來遊十丈紅塵勞過隙到此間片時留憩一盃清茗滌煩襟棚内壁上宋芝灣觀察題詩云馬蹄今日踏滇山山在乾坤何處邊。漢使石壇金碧氣。佛門鈴塔祖師禪。封疆六詔開荒服。道里中原認斗躔。回首十年香案直。退朝滿袖只爐烟。

滇南勝境茶棚後有異石從地中突起蜿蜒曲折如兩龍形鱗甲飛動土人呼爲石龍云係黔滇二省龍脉旁建一亭額曰石虬亭聯云我愛此石民喜有亭亭前有紫玉蘭花一本高與簷

齊花大如茶盎頗有清趣

馬龍州西涼漿塘有廟在路旁僧人於廟廈賣茶廈有額云冷然善也聯云儘可逍遥忙甚麼得坐且坐何須煩燥渴急了有茶喫茶廟週圍竹樹陰森爽人心目亦紅塵中清涼國也

過涼漿塘數里上小關索嶺高峻難登至極頂有古松一株高百尺老榦扶踈上有嫩枝三四青蒼鬱勃下有小石碣刻漢丞相諸葛武侯手植之樹迤東有蘭若一區外門題額云萬峯山入門大殿共三層首層殿額云蜀漢將相祠聯云山不在高平關南荒丞相天威猶在望子能繼父力扶炎鼎關侯廟貌迴如

新蓋首層大殿供關索俗傳爲關帝第三子從武侯南征者中層大殿供關帝後層大殿供武侯黔滇紀遊中力辨關索嶺之附會然以關帝威靈千古供仰由父及子隆其廟祀亦足動人忠義至武侯手植之松誌以石碣與召伯甘棠無異俱不必辨其真僞也

昆明池在滇省小西門外俗稱爲昆明海道光乙酉新秋余僑寓省垣七月初二日早飯後與李隰皋表弟往遊步行出小西門二里許至昆明草海邊雇小艇蕩漾十餘里入大海至近華浦浦爲吳三桂所修别業四圍皆水水清可見底荇藻浮沉舟

泊柳陰下隨下舟步遊入門迤東有僧院花木甚繁迤西有樓南向院内紫薇花三四株大可合抱時正花紅照滿院登樓下層有額曰催耕館旁有宋芝灣觀察題聯云千秋懷抱三杯酒。萬里雲山一水樓。至上層外額曰湖山千里内額曰大觀樓旁有長聯詞甚奇麗係昆明孫髯所題其聯云五百里滇池奔來眼底披襟岸幘喜茫茫空濶無邊看東驤神駿金馬西翥靈儀碧雞北走蜿蜒蛇山南翔縞素鶴山高人韻士何妨選勝登臨趁蟹嶼螺洲梳裹就風鬟霧鬢更蘋天葦地點綴些些翠羽丹霞莫辜負四圍香稻萬頃晴沙九夏芙蓉三春楊柳數千年往事注到心頭把酒凌虛嘆滾滾英雄誰在想漢習樓船唐標鐵柱宋揮玉斧元跨革囊偉烈豐功費盡移山心力儘珠簾畫棟捲不及暮雨朝雲便斷碣殘碑都付與蒼烟落照只嬴得幾杵疎鐘半江漁火兩行秋雁一枕清霜維時憑欄四望波光樹色皆與樓相映照而太華碧雞諸山嵐翠襲人如在目前大致與吾省之歷下亭相倣而氣勢較爲宏濶矣

大觀樓壁上題咏甚多以宋芝灣觀察詩爲最詩云江山到處我題詩。况是登樓放眼時。此水自從聞漢帝。昔人誰實見滇池。碧雞金馬今黃土。段詔蒙酋古覆棋。欲唱竹枝三百首。徧傳騎象戴花兒。空翠波光入酒盃。天風環珮亦仙才。杜陵眼老旌旗失。鑾儆雲深關塞開。萬里星辰依北極。百年草木上春臺。君看一帶山河影。浩蕩蓬壺月照來。又重題二首云樓上春雲住又飛。樓前春水綠生肥。舉頭莽蕩身何處。釃酒蒼茫醉未非。三島游仙他日夢。五湖垂釣幾人歸。毬場牧馬將軍老。誰話天山雪打圍。湖花湖柳此依依。天下春光雨燕飛。好水自頭連尾看。諸山從古到今圍。百年作客原如寄。竟日登樓只不歸。此曲莫傳王粲和。怕教游子淚霑衣。詩情豪邁稱賞一時

黑龍潭在滇省東北相傳天旱時於此禱雨輒應乙酉重陽後

保執齋觀察邀往遊焉出大東門北行約可三十里亂山環列中有一池即黑龍潭也池西畔有亭額曰起雲閣憑欄觀魚魚皆長尺許浮水面不畏人旁有賣魚食者小蝦及粉團之類買而抛之水中魚皆唼喋攢聚如京師金魚池然由池之東迤邐登太極山山上有禪院名龍泉觀前層有柏樹二株大可合抱高十餘丈傳爲漢時物後層大殿外有老梅二株枝榦杈枒老皮皴裂傳此梅植自唐朝稱曰唐梅其說雖不可考然確係數百年物大殿西有亭户牖修潔爲遊人憩息之所亭後峯巒起伏竹水蕭森頗饒勝概

五華山在省城内迤北土坡平坦無峯巒渾厚尊嚴諸山朝拱
康熙年間制軍范承勳建拜雲亭於上爲習儀祝
聖之所至雍正五年制軍鄂西林先生又加擴充次年值
萬壽令節五色雲現傳爲盛事

菜海子在五華山右原名九龍池一名柳營爲沐氏之别業波
光澄澈夏月芙蕖菱芡之類彌滿其中頗有可觀

菜海子中間有石路一條長可里許北岸係玉龍祠石路中間
有禪院名蓮花寺寺内小樓俯臨水濵可以眺遠每當夏秋之
交登臨其上穲稏千畦蒼翠可挹荷香遠襲清風徐來增人與

致不淺此地又名爲海心亭

滇省貢院在五華山之北麓地勢極高自龍門南望城外諸山煙嵐翠靄可挹諸襟袖間城內舍宇參差萬家烟火毫無障蔽頗覺豁人心目號舍堅固高敞爲天下最內層衡鑒堂有鄂西林相國題聯云文明當極盛時億萬年聲教不須潤色盡屬太平賞識在風塵外廿三郡人材一經品題便成佳士蓋滇省從前原係二十三府今始定爲十四府也

昆明縣治西偏有大叢林曰圓通寺吳三桂所建院宇宏敞大殿供佛東廊下皆塑羅漢其東南隅有羅漢一尊穿蟒袍白面

鬟繞頰傳爲吳三桂像偏左有小院落舍宇修潔士大夫多借以宴客大殿後縈接螺峯山補陀巖峭壁嶙峋盤折而上至巓頂復有祠宇數處俯視城中一望瞭然洵屬奇觀

省城南門外有真慶觀一名爲萬壽宮係江西會館其中花木亭臺池沼各極其勝有東林西圃北軒諸院落士大夫讌集演劇多於此地

北門外數十武有商山寺殿宇崇宏居大道旁每歲春秋厲祭俱在此處相傳吳三桂寵姬圓圓歿後葬此余至其地訪其故蹟寺僧無知者

金馬山在滇省東十里形如覆盂相傳周宣王時西竺有國曰摩揭提王曰阿育生三子長福邦次宏德季至德王有神驥其色如金三子皆欲之王意欲與季而患其爭乃以轡私授至德縱驥東馳命三子曰捕獲者王之三子各率衆追至滇池長子次子皆不獲至德追至此山以轡邀之馬見轡而就遂獲焉因名此山爲金馬山後至德殁爲金馬山神土人於山麓建祠祀之

碧雞山在滇省西三十里爲迤西通衢設關哨昔傳有鳳鳴其上土人呼爲碧雞故名下臨滇池蒼崖百尋綠陂千頃月映澄

波雲橫絕頂省會大觀也漢書宣帝時方士言益州有金馬碧雞之神可祭而致遣王褒入蜀求之褒有移金馬碧雞神文攷雲南在夏商時爲梁州域及周合梁於雍至漢始置益州郡是王褒所祭即此金馬碧雞無疑矣

滇南溫泉各郡皆有以安寧州碧玉泉爲最泉在州城北十里出崖穴清潔香溫澄澈見底水底時有丹沙浮出毫無礦氣石皆深碧如玉浴之可以療疾明楊升菴太史題爲天下第一湯洵不誣也

自滇省至麗郡共十八站有九關十八哨之險如碧雞老鴉等

闊尚不甚險隘惟响水迴蹬宣化邱塘各關崇高峻陡其餘如獅子口排樓哨六里箐定西嶺等處亦皆崚嶒崎嶇較之黔中山路更爲難行

由祿豐至黑鹽井在萬山中行山勢四圍周匝迴合重復山上樹木叢雜路在山腰自山巔直接澗底無處非樹路上石塊凸凹絶無直路左旋右轉層折而上直入雲霄復左旋右轉層折而下如墜幽谷夾路箐篠蒙密幾碍行人而山上山下絶無可種之田不知此地居民何以謀生也

自黑鹽井河西岸赴琅鹽井至昆盧閣山高萬仞盤旋而上路

皆作之字形每一轉角肩輿懸空際使人心膽俱裂數十盤至絕頂四望皆荒山絕無人烟盤旋而下路亦作之字形四圍無樹木惟亂山重疊綿延不斷下坡十餘里則琅鹽井矣土道平坦道旁多田地亦多在田樹藝之人較之黑鹽井之寸土俱無者不啻天淵之別

會基關在定遠縣南三十里爲赴楚雄大道高可三千仞綿亘五十餘里羣峯環拱雲霧空濛頗稱奇特

由楚雄而西九十里至鎮南州土田開潤路甚平坦至鎮南以北則仍山路崎嶇矣

青華洞在雲南縣界地當孔道洞有三門排列如洞口石柱嶙峋玲瓏剔透外層寬大如數十間屋上有天窓三仰視天光一線微明内則幽窈深邃徑路迴環曲折須蛇行而入方可窮宪其勝泉聲淙淙不絕地下皆卑濕洞門外壁有石刻青華洞天並有石刻詩章皆高懸石壁洞外有水一灣環繞洞口夙傳道書三十六洞天此居其一洵非虛也

趙州北有飛來寺殿宇崇閎傳聞此寺原在賔川一夜忽失去尋訪至此巳巋然樹立矣

大理南二十里路旁有亭額曰南詔碑亭中有碑甚巨横卧於

地宇多滅没殘闕攷唐元宗天寶十年劍南節度使鮮于仲通率師伐南詔蒙氏蒙王皮羅閣求和不允遂戰於西洱河唐師敗績皮羅閣背唐北臣吐蕃復命其臣鄭回作文勒碑明背唐非本意以示子孫後此碑湮没已久土人掘地得之以其石堅硬用以磨鐮呼爲磨刀石觀察李公亨特搜出以亭貯之其字跡可辨認者筆鋒遒勁太和令宮庶侯搨出檢韻得七陽中十餘字復取搨出之字畫完整者百餘字編爲五排一章粘連成幅復暗切南詔時事俾其文理前後貫串遠邇傳誦可謂獨具匠心

觀音塘在大理南十里其地有觀音菴菴內一池有巨石卓立潙水中上刻大士像傳聞昔日哀牢作亂經此地見一老姥負巨石行哀牢見之心怖遂舍此而去土人以老姥爲大士化身爲立廟甚靈應

大理爲古妙香國屬天竺其地多水爲羅刹所據好啖人有張敬者爲巫祝羅刹憑之一日有老僧自西方來敬家託言欲求地藏修敬以告羅刹問需幾許僧身披袈裟手牽一犬指曰但欲吾袈裟一展犬一跳之地羅刹諾僧曰既許合立券符遂就洱水岸上畫券石間於是僧展袈裟縱犬一跳已盡羅刹之地

羅刹失措欲背盟僧以神力制之不敢背但問何以處我僧曰別有殊勝之居因於蒼山上陽溪化金屋一區羅刹喜甚移其屬入焉山遂閉僧乃鑿河尾洩水之半是爲天生橋至今洱水島上有赤文如古篆籀云是買地券當洱水初洩時林藪蔽翳人莫敢往有二鶴日從河岸行人尾其跡始得平地故大理又名鶴拓今南橋作雙鶴示不忘也

點蒼山在大理城西三里郡鎮山也自北而南綿亘百里蒙氏僭封爲中嶽青峯接漢翠巘排空陰崖積雪盛夏不消山腰抹雲横如玉帶雖林阻谷奥無猛獸毒蟲其峯十九特尊者名曰

中峯中峯之北十一峯中峯之南七峯諸峯劍簇有似岱宗人莫有能躋其巔者峯各一溪蜿蜒東注爲十八溪山產文石可爲屏玩

崇聖寺在點蒼山蓮花峯下寺有三塔其一高十餘丈十六級其二差小各鑄金爲頂頂有金鵬世傳龍性敬塔而畏鵬大理舊爲龍澤故以此鎮之寺內有觀音立像相傳唐天寶間寺僧募造大士像未就夜驟雨旦起視之溝澮皆流銅屑即用以鼓鑄立像高二十四尺如吳道子所畫細腰跣足像成白光彌覆三日夜至今春夏之際時時放光遠近稱爲雨銅觀音

西洱河在大理城東五里廣二十里長一百二十里一名昆瀰池又名洱海卽古葉榆水發源罷谷山經蒲陀崆至鄧川入太和北界名西洱河以形如月生五日抱珥之狀也中有三島曰金梭曰赤文曰玉几水涯有洲曰青莎鼻曰大貫曰鴛鴦曰馬廉受十八溪水繞府西南由石穴中出點蒼山後入蒙化境會漾濞

浩然閣在大理城東八里臨洱水西濱開牕凭眺烟水蒼茫四面羣山聳秀水中復有一石亭漁舟往來其下清曠絕倫丙戌八月余因公至大理謝駿生觀察邀往遊覽流連竟日清趣盈

懷閣上有謝觀察題聯云風月勝遊同立定脚跟登上果神仙淸福俱放開眼界到中央

鄧川州北有地名巡檢司係浪穹縣屬村外山下有碑書明忠臣葉希賢楊應能之墓遥望山上有塔通志載永樂十年建文帝在浪穹山中結菴葉楊皆相從是年俱病歿卽葬於此應卽此山也

雞足山在賓川州西北百里一頂三支宛如雞距名山記稱為九曲巖上有石門曰華首卽所謂傳衣寺也相傳釋迦佛以僧迦棃衣付弟子伽葉波以待彌勒伽葉波持衣於此山入定其

上禪棲名刹多至三十餘處無一不風景清幽洵爲迤西第一名勝

賓川州城西有山曰炎凉嶺命名不知始於何時東行則暖西行則凉亦可異也

觀音山在鶴慶州西南一百二十里一名方丈山巍然峻絶山有洞洞有泉一泓澄碧滴巖下若金石聲南詔時閣羅鳳瑑觀音大士像於山壁洞内土石分半宛若陰陽名曰太極洞南詔名山凡十七此其一也

由觀音山東北行七八十里過宣化關山勢高峻崎嶇難行過

由至鶴慶十餘里路尚平坦。

邱塘關在麗郡南二十五里爲郡之門戶設有塘兵關前兩山對峙中通一徑崎嶇難行

麗郡居萬山中象山黃山皆環繞郡治最勝者爲芝山在雪山之南上有解脫禪林一名福國寺千巖萬壑景物絕佳復有紫蓋峯獅子巖白鹿泉北斗崖諸勝寺內皆喇嘛僧往遊者率借僧寮爲飲讌地

雪山一名玉龍山在麗郡北二十里高可萬仞峯巒削秀積雪經年不消望之一片晶瑩如瓊樓玉宇近山側則寒風刺骨未

有能躋其巔者相傳爲古三危地唐南詔蒙氏僭封爲北嶽麗郡兒童率於六月內取山雪和以蔗糖在市售賣如京師之賣氷水者

文筆山一名珊碧外龍山在麗郡城西南十五里與郡署相對孤峯聳翠雲氣往來爲一郡文明之脉每逢山上雲興頃刻致雨歷驗不爽

金沙江在麗郡西北即古若水一名麗江郡即取以爲名蒙氏僭封爲四瀆之一水中有金屑土人於其中淘金日可得二三分古人云金生麗水信然

玉河在麗郡西門外源出象山麓泉眼數處滙流成河清澈見底

白馬潭在黃山南麓廣半畝許水從石縫流出古木層陰葱鬱蒼翠中有金魚長三尺許相傳見之則吉

麗郡爲古荒服極邊地白狼王所居接壤吐蕃漢兼屬越巂益州二郡有邪龍定莋二縣唐初爲越析詔地貞元中蒙氏據之置麗水節度宋時爲麼些蠻醋醋所據段氏不能制元憲宗三年濟金沙江征大理麼些負固四年討平之立茶罕章管民官至元八年改爲宣慰司十三年改置麗江路立軍民總管府二

十二年罷府置宣撫司領府一州七縣一明洪武十五年改麗江軍民府分四州歸鶴慶仍領通安寶山蘭州巨津四州及臨西一縣及我

朝仍爲府裁去四州一縣改通安廢州在府城東三里即漢時定莋縣地寶山廢州在府城東二百四十里舊蘭州在城西南三百六十里巨津廢州在城西北三百里臨西廢縣在城西北四百六十里即今之維西也

余同年福山王幼海厚慶曾攝麗郡篆於郡署大堂題一長聯與會淋漓彷彿大觀樓孫髯五百里滇池之作聯云曾聽說八

千里外壤接吐蕃處處盡草裏古渡從幾時潜消烟瘴乃覺得山堆玉屑水擁金沙點綴些疙鳥蠻花居然佳麗憑誰去臨池潑墨能把這邊域五城風俗都知與佛國爲緣並熬茶以乳咂酒以竿取作詩材另寫出一番境界若論到五百年前家隣洱海區區亦滇澤蒼生喜今兹漸遠狜獠無非是雪裏刀耕日中襬負吹打着蘆笙銅鼓共樂昇平惜我來借箸獻籌纔辨明郡志九種夷人竟遺却龍巴未紀如民曰伴先官曰幸選暑諳土語已拋將兩載工夫

由劍川州赴麗郡行鐵甲山山高數百仞盤旋而上徑路偪窄

山上土多石少樹木叢雜徑中堆木葉厚尺許樹根從地中突起蟠曲滿道地上樹枝木片縱橫無數亦有大木沉埋地中上面猶隱隱露出行人即踏此而過蓋此地人少柴多故不甚愛惜如此

滇南天氣無大寒大暑時當盛夏亦須內服綿背心冬月則小毛衣服即可禦寒余於乙酉六月抵滇正值中伏早起赴憲轅涼氣爽肌頗似北方中秋節後彼時人言麗郡有雪山為滇省最寒之地及十月至麗山上樹木多不凋者署中蜀葵花尚開故早晚微涼如北方九月下旬大抵滇省天氣除元江普洱鎮

沅有瘴癘之處暑熱爲多其餘微熱微寒雖有不齊非甚懸絕

諺云四時多似夏一雨便成冬可以想其大概

麗郡所管龍寳銅廠在郡城西六站與維西相近天氣大寒每中秋前後卽降雪六月內亦着皮衣頗有邊塞之氣

諺云雲南無日不風貴州無日不雨余自鎮遠赴滇日日冒雨而行及滇界則雨頓少矣雲南惟冬春二季風多且多係西南風北風甚少幸其地山多土少卽風勢猛烈亦不至如北方飛沙揚塵之甚

大理有風花雪月四景謂上關花下關風蒼山雪洱海月也點

蒼山積雪經年不消烟嵐翠靄中有白光横亘曠人心目洱海秋夜泛舟玩月水天一色亦屬奇觀至上關花因從前有異花可以玩賞今已淨盡下關風更使人不可耐矣每過大理至下關行洱海濵邑風漠漠撲面刺骨春時更甚關南北俱不如是按通志蒼山三陽峯茂原之上有風孔風從地孔出過之刺人肌骨或此地正當其衝耶

轆角莊在大理城南二十里南詔閣羅鳳之女請自擇配倒坐牛背任所之至一委巷老嫗家側其角而入遂嫁其子鳳怒與女絶其壻於採樵處得金磚負歸作金橋銀路以迎鳳鳳嘆曰

天婚也後人名爲轆角莊言牛入隘巷側角進内如轆轤之轉也

滇南以六月二十五日爲星回節燃火炬三夜名爲火把會各郡皆然村落用以照田祈年以炬之明暗占歲之豐歉街市兒童擣松脂末互相燒灑爲戲比戶皆宴會相傳漢時有夷婦阿南夫爲賊所殺誓不從賊以是日赴火死國人哀之因爲此會一云南詔皮羅閣欲併五詔將誘會於松明樓焚殺之鄧賧詔妻慈善測其謀勸夫勿赴夫不從遂以鐵釧約夫臂既而果被焚慈善認釧得夫屍歸葬皮羅閣聞其賢欲娶之慈善閉城死

節滇人以是日燃炬弔之一云武侯以是日擒孟獲侵夜入城父老設燎以迎後遂相沿成俗未知孰是

每歲三月十三日大理開市於演武場集商賈聚四方之貨交易凡服飾飲食器用書籍以及金玉珍寶無不具備至十七日移城內二十日散市俗呼爲月街子會

麗郡城西北五六里有龍神祠每月望郡守率僚屬於此行香其地在象眠山下門對玉河遥望雪山晶瑩耀目山水明秀樹木陰翳頗極林泉之勝每歲三月間演戲郡城婦女無貴賤貧富皆往遊盛飾相炫耀貧者典田賣穀租賃服飾雖禁之亦不

得也

麗郡婦女習染夷俗身披羊皮頭戴尖帽高尺許背負竹簍赴市貿易余同年王幼海莅是郡時曾出示嚴禁從此戴尖帽者改爲觀音兜而羊皮則絶不能去蓋其地天氣較寒布疋昂貴惟羊皮價賤是以大家宦族嫁女娶婦亦必製羊皮二塊鑲以寶石珠玉以爲華飾其貿易負重者則以粗惡羊皮爲之余莅後亦出示禁止而土人皆以此地謀食易而謀衣難請從緩議現在有四川人來麗教婦女紡織或者紡織得布後此風稍易未可知也

麗郡婦女經年不盥洗至歲除始洗面一次平日積垢滿面髮蓬蓬垂頸上如有梳頭洗面者羣譁然訕笑以爲非正經人市上貿易皆婦人每赤足行市上腿上裹布高尺許衣服皆以碎寶石聯綴其間力能襁負其屠戸酒家亦皆婦人爲之而男子則坐家中飲酒賭博亦力弱不能負重大約其地陰盛陽衰故婦人較男子爲健

麗郡家家好佛每逢朔望行香時見男婦持香燭赴菴觀者絡繹不絕其婦女貿易赴市亦必攜帶金剛觀音諸經於交易之餘坐地持誦葢其地近西域故崇尚釋教如此

麗郡女子之未嫁者名曰阿右姬赤足蓬頭有力能負重往往有至三十餘歲未嫁者問其故則以夫家不能備金鐲金簪等物郎不許迎娶余出示曉諭此風稍息

麗郡婦女多以貿易營生不解紡織丙戌春自川中來數人教人紡織並能造機杼之具婦女從學者甚多學織之布粗惡未能勻細然既致力於此學習日久自能由粗而精於民生正非無補也

滇省所用綿花來自四川者多亦有自緬甸來者絮衣甚輕暖價值亦不甚昂各郡織布者少惟永昌一帶多習紡織其布流

通各郡亦頗可用

麗郡婦女有以採樵爲業者每夜三更結伴入山伐薪招呼之聲滿衢巷及明則各盈負而歸而其男子猶酣眠未起也

貴陽東西民婦赤足者多裹足者亦有之恒以織草履編草帽爲業亦有紡綿花者紡車製度與北方相似滇省紡車亦然但其機杼微有不同耳

貴州山多田少民貧滋甚幸米糧不甚昂貴飯一盂值錢三文謀食尙易惟衣服甚難每見大路旁男婦布衣藍縷皆千補百衲若懸鶉無一完好者大約其地民情好逸除織履種稻並作

脚夫代人挑貨外別無營運製衣無餘貲故一衣數年着之不能不甘於垢敝也

黔滇紀游中云黃絲鋪多產佳麗爲夜郎之桑間濮上余於道光乙酉五月過此見街上婦女類皆鳩形鵠面如羅刹鬼母豈絕代之姝深藏不露抑昔日風流于今頓盡耶

入滇界婦女皆裹足有纖小者其赤足者絕少面皮水色亦可一耳上穿兩孔兩耳共戴四環亦有穿一孔者至白水及霑益州客店內倚門賣笑輩不下十餘人亦間有楚楚可觀者然較之北方河間道上容態粧飾則相去遠矣

黔地客店寬廣潔淨差可駐足一入滇界旅店皆樓居上層宿行客下層卽飼馬牛羊豕臭氣薰蒸污穢不堪

平彝以西多牛車其車兩轅皆細不盈握長不踰一丈箱板皆不整齊兩輪高不過尺餘以木板合湊削形成圓軸則直貫輪外凴軸爲運轉如北方四輛車之式中駕一大牛或大水牛牛身高於車者盈尺牛用梭頭勒其項以繩繞其後臀而繫之於轅端其車多拉運銅觔及柴草之類絶未見有人乘坐

滇南有大宴會及尋常祭祀並迎接長官如無地氊鋪地者卽以松毛鋪滿地上以取潔淸

麗江土司木姓於前明時世襲土知府奢華豪侈鼎盛一時及
我
朝雍正年間改土歸流降爲通判家中落迄今貧更甚惟第宅
宏濶家有玉音樓俗呼爲三層樓供奉
御牌爲祝釐所每歲元旦及
萬壽節郡中各官俱於五鼓時齊集其地行九叩首禮禮畢至
旁厦內坐
朝各於地上鋪坐褥坐片刻而散
木土司家內有木氏歷代像册册內美醜不一有面如冠玉文

雅絶倫者有鐵面生毛者剛鬚環眼者自元至今皆有像

木氏始祖名阿得郡志載阿得於元時爲麗江宣撫司副使明兵下雲南率衆歸附賜姓爲木洪武十六年開設府治授麗江知府會西番作亂得引兵刼之又從指揮董某破石門關寨命世襲土知府按木氏歷代像册內阿得象如老僧云自西域來殆天地間異人也

土通判木睿第四子生有異相五六歲時能通釋典及八九歲時西藏喇嘛來迓云其師圓寂時有遺言降生此地此子與喇嘛相見如舊相識遂偕至郡北解脫禪林談禪衆曰與喇嘛偕

赴西藏不復返當時人皆稱爲活佛余作麗郡新樂府內有活佛一篇卽咏其事詩曰西方重釋禪燈明。邊城處處鐘鼓聲。慈雲下覆法雨泣。牟泥光現活佛生。活佛生來著奇異。不茹葷酒人皆驚。嚩羅卍字參寶相。拈花微笑神志清。孩提說法空五蘊。精通內典如天成。豈知前身傳素履。給孤園中大歡喜。當年圓寂留遺言。彼之終兮此之始。弟子托鉢來相迎。詎爲尋師憚萬里。一絲不掛活佛行。眼空四大無紛爭。九祖昇天不可見。空亘高堂懷抱情。

麗郡夷人有九種曰麽些曰剌毛曰西番曰猓猓曰玀玀曰僰

人曰[犭悤]子曰猺猔曰[犭求]人其在郡貿易及工作者惟猓猓玀玀猺猔三種語言不通惟土人稍解其語其人亦不生事

麗郡土人習於夷俗於其親死入棺後用土巫名刀巴者殺牛羊致祭親戚男女畢集以醉爲哀次日送郊外火化不拾骸骨至十一月初旬始詣焚所拾灰燼餘物裹以松枝瘞之復請刀巴念夷語徹夜再祭以牛羊名曰葬骨自改設後屢經禁諭土人尚惑於刀巴禍福之說自東河里社長和崇順母死殯殮如禮擇地安葬人不見其有禍此風乃漸革矣

鴻泥雜志卷二

雪漁氏編

滇南言語不甚難解惟各郡土人夷人土語方言俫㑩難辨郎

一名一物其稱謂皆離奇詭異茲將方言摘錄於左

天美地里甸日你買月海買星根風海雲吉雷每柘雨痕

霜你甸露着甸寒氣熱此早酹晚何

山剌水戟嶺尾便呂關改哨莫江迤彼川羅河濠海㛾

溝開船離橋哞

春每你夏每綫秋每遽冬每初歲庫時知

東你買土南梅西你買谷北竿上果墮下梅茗中慮谷

古阿邊是邊今阿依

皇帝卡臣喜公官幸選民伴先父阿巴母阿買祖阿普

祖母阿曾兄阿貝補弟跟尘姊妹買妹姑買夫阿該生婦你奴

男左女覔子苴孫魯補孫女魯買長官招蛾小管犀寡

家主党哈主人家卡巴家奴吳岳父於扁女壻茂恩師父熟來

徒弟弟子朋友阿党你納我扼八希頭古吕面爬買髮古甫

鼻你埋眼眠吕口供邊耳海足身古母手拉脚坑心怒買

奚奴笑然坐足走幾睡意醒烏去甫來罷罵揣片打拉跪醋

善喝惡誇大的小計

房屋戟廳頗羅樓磋天井戟攺樑古魯棟都而階挫補門孔

竈寡園可田里街市知路汝股板多尾完

衣巴拉帕古魯帽古蒙纓補貫繫腰本艮褌兩裙台裹脚苦魯

鞋撒笠馬喝拉簑衣戟解紅湖青邊拿綠鞋白甪黃時藍邊

黑南靛典

飯洽湯訓下飯萊哈樹米濯穀形大麥每獎小麥獎豆奴

飯豆奴羨蚕豆打都甜莜阿根苦莜阿卡燕麥梅習稗甪

酒訶茶量藥差恩蔓菁阿坑蘿蔔兩卜茄竿土瓜多誇

白菜匊匍壽菜暢波羅豆腐諸豆粉狠油也岩芥罵集

燒酒阿剌吉醋該雄醬疽鹽且肉施

金含銀我銅爾鐵首錫序錢寄焉貧洗富恒

鍋補䬸布碗誇盤核邊𡲬苴壺公彼礶硬生筋阿蜷刀汝添

斧邊邊鋤磋故桶圖籔箕毋糞箕拉也

棹篩來欖毋買戥子加麻秤斤升虒斗都筆奔墨昧拿

硯堆恩紙書樹書添恩

火弭柴私炭坑鐵灰硬線硜石灰鞋

樹字木私梅私卡松悉柏休桃補圭杏愛㧋汝花罷巴山竹昧

圓竹拉何草洗

馬繞騍馬繞每兒馬繞公劚馬繞壯驢篇繞騍歹牛恩牟由

豬蒲狗坑鷄喦鵝我鴨阿黃牛牟恩水牛戟恩魚你蟲彼丁

蛇日蠅補美

一的二你三續四籠五尨六鈔七賞八貨九姑十詳百喜千都

萬每億昴

飽硬餓戎輕由重里長蟾短歹多奔少能厚浪薄邊

吃飯哈魯穿衣巴拉母飲水戟提吃酒訥提吃茶量提

吹火弭母耿火弭子盛水戟吾牛乳茶恩烏量上山咨鈔

走路忍今叩頭落補對是不是哦買哦讀書添恩索

寫字添恩布

做官選扁教人希面犁田恩里麥饅首奬都撒種刺布

栽種都收穫拓天陰每藏天晴每土歲豐巴埋歲歉巴誇

學好嚐買索說好嚐買社說說根止做事賞扁騎馬繞齊

放牛恩美點火把弭這萬歲每庫千歲都庫過年戟節

孝休殊友殊殊忠怒買都信根止日禮布苦思義哦買邊

廉馬苟期聰壮多思智希特仁怒買嚐

滇南五穀惟稻麥豆菽四種各郡皆有至黍稷及高粱恒少高粱惟產呈貢及雲南縣者爲佳稻有紅白黑三種臨安有紫糯其色深紅爲他郡所無熬粥極香美麥有大麥小麥大顆麥燕麥無芒麥五種以小麥爲最豆有黃豆菉豆紅豆黑豆豌豆蠶豆數種菽有甜苦二種復有芝麻火麻二種數種之外又有山稗郎北方穇子有龍爪鐵桿等名貧民率以此合菽麥作餅餌啖之

黔省東西一帶稻田最多至安順府稻田更盛栽秧多係婦人皆頭裹藍白布赤足行泥水中挑糞挑水亦皆婦女爲之安順

以西稻田漸少入滇界平地較多惟莜麥燕麥包穀等類稻田間亦有之然較之黔省則大相懸殊矣北方莜麥多於八九月收成此獨於六月內開花結實燕麥一名油麥一莖中有小穗數十一穗不過二三粒五六月內收穫登場婦女輩以木捧擊之木捧用兩條中間聯以鐵環卽北方所謂梢子棍也以手執一頭揚起打之其麥磨麪作餌粘膩不堪食

秋麥以山東河南爲最黔滇所產亦頗佳黔省產安順者最良余過安順滿街皆賣饅頭包子色白而潤食之無異北產滇省麥麪亦色白而不膩街上所賣饅頭烤餠火燒油果麻花切麪

之類皆不讓北方價值亦不昂稻米白潔每觔不過制錢十文其菜蔬雞鴨魚肉俱不昂貴是以滇南謀食爲最易也

麗郡小麥最佳與北方無異其種植收穫之時亦與北方同以地近雪山氣候較寒麥喜寒故也

大理北鄧川州一帶土地平坦稻田連阡至秋成時甚爲葱鬱稻田之外則有蠶豆春秋兩季收成蓋其地飼馬皆用蠶豆故種此者最多

滇省食鹽皆由井水煎辦其法不一商人設立鹽廠廠內掘二井一鹹水一淡水稱爲用淡養鹹候鹹水養成取出用鐵鍋煎

成鹽塊如釜大色黑白不一又有天生鹽產廣南山中由地內掘出如白礬可食至四川鹽私行滇省色黑作食物頗有香味交趾鹽亦充斥於開廣間禁之終不能免也

通志載麗郡出自然銅黑色作瓶鼎甚奇古余在麗載餘求之終未見惟郡前之文筆峯於雨後流出銅屑絕非礦質土人撿拾之打造小物件金色爛然頗有可觀

東川有紫銅亦名自然銅省城中有賣漱盂及手鐲等物者其銅深紫色有自然花紋又武定出綠礦石有大可盈尺峯巒畢具天然蒼翠可爲珍玩

麗郡所出羊皮最佳作裘甚輕暖價亦不貴猞猁產於維西商人販至麗郡售賣價值較北方尙廉水獺價亦不昂但毛短不甚温厚又有飛鼠與灰鼠相類而色較赤皮韋甚薄滇人以此爲下品

雲南皮貨以雲狐爲第一毛頗温厚亦可造成麻葉烏雲豹等各花樣價值不甚昂貴惟乾尖一種一外褂值二百餘金其實貴州所出之狸子腿亦頗可用曲靖所出之猸子皮亦可作袍褂第富豪不屑用耳

洋呢出自廣東商賈販至雲南以此物並無關稅故價值較他

省爲輕每上高洋呢天青色者不過每尺一兩其藍色及各雜色則每尺祇六七錢蓋滇省天氣無大熱大寒衣此者多六月亦絶無衣紗及葛布夏布者滇省紬緞鋪亦無買紗者惟有夏布作帳用

滇省所出之通海緞俗呼爲滇緞省内各街道俱有機房數處其由貴州絲織成者俱係雜色每疋足袍料一件價不過三兩其由四川絲織成者藍色居多尺寸亦極寬長每疋價銀總需六兩又有貴州紬自貴州販來者每疋長四五十尺價值亦不昂貴

雲南通省所用茶俱來自普洱普洱有六茶山爲攸樂爲莗登爲倚邦爲莽枝爲蠻耑爲慢撒其中惟倚邦蠻耑者味較勝若雲南府所出之太華茶大理所出之感通茶徒耳其名未嘗見也

麗郡雪山中石上生草心空味苦性寒下行土人稱爲雪茶

滇省所用紹興酒佳者甚多惟價太昂每中罈值銀四兩近來土人有假造者初飲亦可惟不能耐久久則色味俱變矣燒酒則用山西來者名大麯酒

麗郡賣燒酒者甚多其地並無高粱但以麥麯和稻米爲之味

香而薄亦有黃酒甜如蔗糖水飲多亦足致醉至鶴慶燒酒不知如何釀法其氣味較麗郡爲佳

楚雄定遠縣出力石酒味不甚香冽而氣力較大似與來自山西之大麯酒各有所長

滇省所用火腿有自浙省來者有自貴州來者浙省者價甚昂貴州者價尚廉煮食亦頗佳又有鶴慶所出者極肥大亦尚可食麗郡土人則於冬月殺猪風乾至明春始食名曰琵琶猪味亦香美

麗郡俗尚牛乳大率熬以代茶復將牛乳攤作薄片晒乾蒸食

名曰乳膳

麗郡西門外有萬字橋橋邊磨房極多凡零星麪屑皆拋置橋下河中河内產魚極肥美以其食麪而肥名曰麪魚

工魚產洱海中如鰷而鱗細長不盈尺味如北方青魚楊升菴稱爲魚魁

滇南所產水族惟鯉魚黃鱔及鯽鰷之屬鯉魚有絶大者蝦則僅有草蝦小而無肉蠏則惟通海縣有之亦不及北產之肥美其自湖廣販蠏來者價甚昂一蠏值銀五錢

鵪鶉班鳩竹鷄鴿子雉鷄等類麗郡山中多有土人網取以售

味皆與北方所産無異

菜蔬品類甚多如白菜菠菜葱韭薹蒜胡荽芹芥香椿之類北方所有者無不有又有苦菜一名靑菜狀如北方辣菜土人醃作酸菜作羹食之味亦淸淡

秦椒處處有之黔滇居民以及仕大夫無不嗜此物其形瘦小不及北産者之肥大

茄子葫蘆匏瓜皆與北産相似茄子皆細而長其圓形者絕少省城正月内卽有賣茄子黃瓜蒜臺者皆來自沅江爲瘴氣所薰蒸食之多致病

冬瓜絲瓜黄瓜南瓜遍處皆有復有土瓜產於山地内狀如圓

蘿蔔削皮生食之甚甘脆

南瓜有重至三四十觔者市人皆以刀切零賣三錢即足供一
人之用

蘿蔔產麗郡者最佳味甘而脆與京師所出無異省城產者亦
可胡蘿蔔有長至三四尺者

紅薯芋頭皆圓形山藥則團結成塊與北產迥異蔓菁有大如
盤者

麗郡所出鮮竹筍甚佳五六月内市上售賣取以入饌清脆絕

倫真不亞於富陽冬筍矣

滇南山中產菌有青頭羊肝胭脂羊奶雞冠松毛一窩蜂黃羅傘紅羅傘朮莪等十種青頭菌味尤美

羊肝菌產維西山中色黑有紋如大棗滇省宴客每以此雜海菜中作膾味極清

石花菜出永北一帶色黑味如木耳滇省宴客多以此品調作涼菜

竹葉菜一名藏筍出維西山中土人採取晒乾成束售賣用作膾羹味亦清淡

白扁豆到處皆有以大理出者爲最豆粒堅實用開水泡出粗皮用糖炖食最妙

薏苡滇西一帶多有白潔如珠用以熬粥食之大有健脾除濕之益

百合產鶴慶者最美用白糖炖食大有補益亦可與肉同炖搗爛澄粉甚佳

蘋果惟省城有之色香亦可但不及北產遠甚至滇西一帶則絕無是物矣

石榴出宜良者佳子大而漿多甜如蜜若麗郡所出味酸不

堪食

桃以滇池海口者爲最麗郡署中有桃一株花開大如盂艶麗絶倫稱爲牡丹桃結實不甚大而皮薄漿多每食一枚芳香滿頰可謂異品

梨之佳者無逾大理漿多而脆味香甜如京師之雅梨至麗郡所出大如椀一枚值錢一文惟皮厚味酸耳

藏葡萄來自西藏有黑白紫綠數種惟白者最佳余求之終未得也

沙果滇人呼爲花紅色味與北方所産無異但微小耳

杏李梅栗胡桃松子榛子柿子牟棗落花生各郡皆有枇杷楊梅櫻桃惟省城有之他郡絶少

棗亦間或有之惟味薄核大不能及北方所産肉多味厚可以作餌入藥耳

山查小而肉少出自通海一帶省城亦有賣山查糕者味粘膩較京師所作相去遠矣

麗郡出延壽果狀如蘆子食之淡而無味以其名佳送壽禮者多用之

波羅蜜如荔支稍大皮厚葉圓有黄紋小枝附樹身上花出大

如斗一枝含數實皮亦似荔支有刺類佛手螺髻之狀肉如蜂房近子處可食與熟瓜無異而香美過之子如肥皂核大亦可煼食味似豆春生秋熟交八珍之今臨安屬縣亦有

西瓜有極大者味不甚佳惟產於昭通府屬之縣馬廠者較他處爲優然究不及北產之甘美至甜瓜稍瓜等類滇南則絕無是物矣

木瓜大而香味短又有小木瓜大如拳名海棠木瓜亦微香

麗郡香橼佛手黃柑八九月間滿街售賣鮮嫩可愛價亦甚廉但香味差短耳

黔滇二省大道旁有叢生蒙密綠葉白花上結紅粒如珠一穗數十顆嬌艷可愛樵夫牧豎皆摘而食之問名曰豆金鈴一名救軍糧傳爲諸葛武侯行軍時以此餉軍故名

茯苓何首烏出滇西一帶者佳有大至數十觔者亦有成雞形成人形者俱不可多得

藏紅花出西域色紫黑與藥肆中所賣迴異然不可多得價值亦甚昂

冬蟲夏草維西遍地皆有其狀下作蟲形上有草葉如細草之帶根者冬月見其蠕蠕行地上土人始捉而陰乾之每十個作

爲一束以售商賈價不昂云其物能活血婦人科中宜用又云其物與雞同炖服食最妙

鷄血藤出順寧雲州一帶土人取藤熬膏專治婦女血症甚爲神效

佛掌參出維西一帶形如人掌有指排列可以作藥亦可以作饌土人云與鷄鴨同炖食大能滋陰補陽

石風丹出景東生石上取其根葉爲藥能療瘡毒兼治筋骨痛疼神效

神黄豆出普洱府傳云小兒初生時以此煎湯飲之能稀痘

麗郡有萬年雪水紫金錠以雪山雪化水和藥爲之敷腫毒奇效

麗郡喇嘛有藥名舍利子係小紅丸如菉豆大云其祖師所留用藏紅花藏香養之可以滋生小者百病皆治余於丙戌夏患瘧兩月諸藥皆無功尋此服三丸立愈治病洵有奇效第不知果能滋生否也

蜿蛇出順寧山中長尺餘見人則斷人去復續取而乾之可以接骨

麒麟竭出元江木高數丈葉類櫻桃脂流樹中凝紅如血名爲

木血竭今則無矣

鱗蛇膽出安南及元江有黄黑二種其蛇長丈餘具四足能食鹿春夏在山秋冬在水土人取食之其膽治牙痛解諸毒黄爲上黑次之今俱難得

蒙肚花出景東山中生樹皮土如蘚土人採以用蠱欲人醉死則醉往採欲人溺死則溺往採欲人狂爭死則狂爭往採其毒發一一如其狀明嘉靖年間千戶陳祺奉命往景東賜知府陶金金帛祺善書金厚欵之請書匾額及醉墨瀋涴其錦袍金恚以蒙肚毒之歸發狂死後雷擊其樹今則無矣

肉桂來自交趾名安邊桂優劣不一省城藥肆中取其中等者每觔爲一束發往各省名曰蘇條肉薄而不潤求其肉厚色紫者亦不多得

黃蓮出維西者較四川所產枝幹微大氣味則稍薄

檳榔樹高數丈旁無附枝正月作房四月開花一房百餘實大如核桃剖乾合蘆子石灰嚼之雲南婦女行路亦食不絕口滿路多吐紅唾如血甚爲可厭

蘆子產山谷中蔓延叢生夏花秋實土人採之晒乾售賣

石耳形如木耳感極清之氣而生出鶴慶山中久食可以延年

菊花參出東川府之巧家營葉似菊花性同人參

滇南茶花甲於天下明謝在杭謂其品七十有二豫章鄧渼紀其十德作爲詩歌有淺紅深紅淡白數種以深紅軟枝分心卷瓣者爲上省城外西南隅雲安寺茶花一本大可合抱高五六丈許千枝毬放萬朵雲酣一樓一院垂覆皆徧洵屬奇觀宋芝洲觀察題詩於壁詞意雄奇與花相稱詩曰天下茶花無甚奇雲南茶花亦迷離入寺突兀見此本九州萬古空春姿高火織低摩尼紅者玉紫者泥十萬鼉一軍麾日亦不敢出月亦不敢窺朱霞青天雷電齊飛何年所植何年爲花葉不到處精磁猶

奕馳。才大有如此。獨立隘兩儀。世人紛紛說少態。蚍蜉撼樹真羣兒吁嗟乎。種花須種一千載。看花須看一千棱。飲酒須飲一千椀。君不見揮劉伶斥李白。雲安寺裏人題詩。後復重題七律二首云又此風雲又此春。寺樓遮覆又圓匀。諸天合拭看花眼四海誰爲種樹人。草木無才難富貴。文章有壽必精神。英雄奇氣名姝影。君信留侯是化身。神仙無醉亦無醒。昨夜東皇觴百神。來路豈真獅子國。番風長壓牡丹春。夢中彩筆傳名士。天半朱霞立異人。難怪外間桃李笑。此花肝膽太輪囷。

滇南優鉢曇花爲他省所無。郎滇省亦不多見。藩署内東偏有園內植此花數本旁有亭額曰優鉢曇花亭余於乙酉夏至滇史方伯荔園邀飲園中曾親見之葉大而厚其時已無花據云三四月間花開大如盤作淡白淡綠色嗅之有旃檀香傳爲佛花洵異種也

滇中蘭花最多以雪蘭玉蘭爲上虎頭蘭則花大無香又有野蘭花大而香極清遠

滇南杜鵑花最盛有五色雙瓣者丙戌春余與同人遊興福寺寺中所植杜鵑花有三四十盆五色俱備其中黄者尤爲嬌媚燦爛如錦洵屬奇觀

木香花滇省各郡皆有枝幹如酴醿白花如錢大嗅之有清香其大者成樹自三月開花至秋後尚有花省城每值此花開時率摘此花朶盛籃內赴市售賣如京師之賣晚香玉者麗郡署中有一株陰覆半院花開甚盛至冬月亦不凋但其木不可入藥似與藥中之木香另爲一種

桂花有金桂銀桂丹桂數種麗郡署內二堂前有金桂一株內院有銀桂一株花時清香滿院頗可觀玩

粉團花如薔薇有黃紅白三種遍野叢生開數月不衰

丁香花如合包牡丹色淺紅可愛與北方之丁香迥異

佛桑花葉如桑花如木槿有紅黄數種有起樓子者自中心高起一層頗有可觀

紫薇花滇省甚多每於五六月時開放紅照滿院甚可玩賞

椰葉桃與北方者無異余於乙酉十月由祿豐赴黑鹽井道經石灰壩普濟菴中有椰葉桃一株高與簷齊花朵繁盛其老本大數圍亦罕見之物也

秋海棠與北方同有淡白者尤嬌媚可愛

雲南亦有晚香玉其色香與京師者無别土人呼爲夜來香每擔赴街市售賣

黔省繡毬花最盛有深紅淺紅紫白藍數種花大如盤甚爲可愛至石榴木槿金絲桃山丹等類則遍山皆是矣

芭蕉有鳳尾象牙美人數種滇省徧處皆有有高至四五丈者隔牆可見麗郡署中二堂西偏有小花廳院内植芭蕉三四株碧影摇空映照窻紙皆綠昔懷素號其居曰綠天是古人早有會心矣

仙人掌葉肥厚如掌多刺相接成枝花名玉英滇省徧處皆是人家牆頭屋角皆植之至黑鹽井則道旁徧植是物高可數丈層見側出其頂上結子大如核桃紅色土人云可食又有一種

榦似仙人掌而枝作長條如狼牙棒形土人呼爲金剛纂每多植此爲籬

竹之巨者其中間節上結實如小瓜土人呼爲竹㜸云可以療疾

北方麻子係草本每年布種而生滇省南較場邊有麻子一株高數丈本粗如盤是又爲木本矣亦一奇也

鷓鴣維西山中多有土人羅得之赴市售賣價不甚昂惟教語甚難耳

古人云雁飛不過衡陽似衡陽以南無雁而雲南則鴻雁甚多

每歲霜降前後空際嘹嚦雁陣縱橫以隨陽之故萬里長征感物懷人輙增悵悒

孔雀白鷴維西一帶多有土人捕其雛以售然其性剽悍養之終不能馴

維西有旄牛一作犛牛其尾可以爲纓究未見其形狀爲何如也

維西山中產猴輙千百爲羣土人羅得之鬻諸市價甚賤

麂子卽鹿之別種皮可作衣肉可作食養之亦極馴順

豪豬維西山中有之狀如豬毛堅利能以豪毛射人有角如象

牙肉極肥美

竹鼠卽竹䶉順寧一帶多有惟食竹根土人多養之醃其肉作
脯

大理石出點蒼山中白質黑紋有山水草木之狀者爲佳余在
大理見李提台署中有小屏風寬廣不過尺餘上有一山山上
立一鷹山下一羊作低頭食草狀筆畫天成神致如生可謂奇
玩若尋常作卓面者不過有黑紋参差其間耳

通志載麗郡出花馬石緣城西北三百五十里有花馬山崖石
如馬其色斑爛昔麽些據此名其國爲花馬國後人附會之遂

謂麗郡產此石余抵麗一載求之不得間有人以石求售稱爲花馬石其實與尋常石無異並無馬形亦無花紋足見其誤至邱塘關山上所出之石頗有太湖石形狀廣石如太守曾羅致許多於麗郡小花廳院内堆作小山玲瓏剔透下瞰池水殊有一邱一壑之致

水晶墨玉翡翠玉寶石琥珀等類俱出猛緬一帶其佳者價亦甚昂

圍碁子出永昌府以質堅色潤者爲良然其初明滑耀眼與山東博山所出者無異必須帶至省城命匠造作始有樸素渾堅

氣象

藏香出西藏商賈多販至麗郡售賣有二種細者如線粗者如筆管有紫黄二色紫者較勝復有黑藏香如木塊黑色埋爐中燒之香氣甚烈

藏佛來自西藏以香泥爲之亦有以沉香雕刻及銅鑄者如指頂大作小佛龕供於中麗郡喇嘛皆有嘗以贈人傳爲佩於胸襟間可以避瘴

滇南多僻姓如昆明有完姓把姓太姓欽姓羅姓次有券姓拜姓脱姓臨安有台姓鰲姓佴姓河西有合姓旦姓鶴慶有寸姓冑

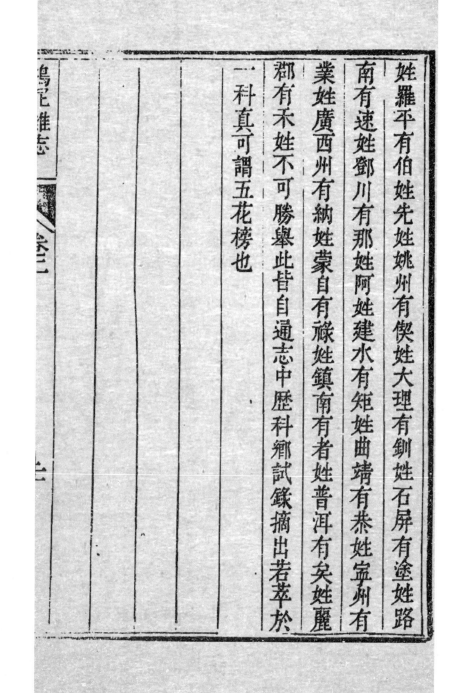

姓羅平有伯姓先姓姚州有偰姓大理有剌姓石屏有塗姓路南有速姓鄧川有那姓阿姓建水有矩姓曲靖有恭姓尋州有業姓廣西州有納姓蒙自有祿姓鎮南有者姓普洱有矣姓麗郡有禾姓不可勝舉此皆自通志中歷科鄉試錄摘出若萃於一科真可謂五花榜也

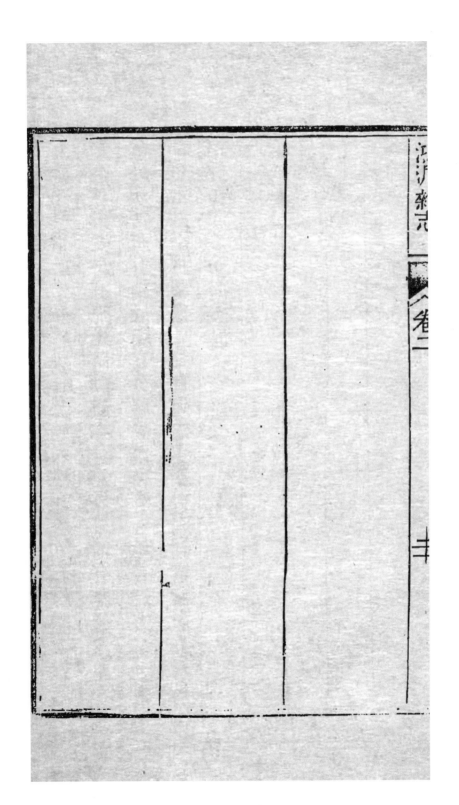

鴻泥雜志 卷下

鴻泥雜志卷三

雪漁氏編

六詔一曰蒙舍詔在諸詔之南故又稱南詔一曰蒙嶲詔一曰越析詔或謂麽些詔一曰浪穹詔一曰鄧賧詔一曰施浪詔各受唐爵爲諸州刺史屬於姚州都督府受劍南節度使節制南詔至皮羅閣其勢寖强遂賂節度使王昱密求合六詔爲一朝廷許之自是次第滅五詔而南詔益强矣

通海縣有竹王祠緣漢初一女浣衣遯水有三節大竹流入足間推之不去聞内有啼聲持歸破之得一兒育於家長以才武

雄諸夷捐所破竹於野生竹成林遂以竹爲姓自號竹王嘗與
從人止石上命作羹從者白無水王以劍擊石出水後漸驕恣
武帝開西南諸種侯王皆服乃斬竹王置牂牁郡後封其三子
名竹王三郎

白國之先有西海阿育王奉佛惡殺不茹葷腥又稱白飯王傳
至仁果以慈信治國國人戴之漢元狩間常羗治滇池仁果治
白崖兩國角立帝嘉仁果而惡常羗册仁果爲滇王傳世十七
至龍祐那諸葛武侯定南中封祐那於其故地俗尚巫鬼好詛
盟武侯常爲夷作圖譜先畫天地日月君長城府次畫神龍生

夷及牛馬羊後畫部主吏乘馬幡蓋巡行安郵又畫牛羊負酒齎金來詣之象以賜夷夷甚重之後龍祐那改稱建寧國傳十七世至張樂進求唐永徽中讓國於蒙氏

哀牢有婦人一產十子其一曰九隆長而黠驁衆推爲酋長六詔皆九隆裔

蒙舍詔僭稱蒙氏始興曰細奴邏避哀牢之難耕於巍山之麓孳牧繁息部衆日盛唐高宗時代張氏立國號曰封民傳十四世爲其臣鄭買嗣所簒蒙氏遂滅歷一百五十年

鄭買嗣係鄭回之後世爲蒙氏清平官弒主自立號長和國傳

三世爲其臣楊干貞所弑歷二十六年
趙善政爲鄭氏清平官干貞弑主昔善政協謀干貞欲自立恐
有變陽推善政立之改國號曰天興旋爲干貞所廢幽死立甫
十月
楊干貞既廢善政遂自立後晋時通海節度時段思平起兵討
之干貞出走永昌自縊死立十年
段氏之先白人也至段儉魏與鳳伽異敗鮮于仲通於西洱河
蒙氏擢爲清平官易名忠國六傳至思平爲通海節度使楊干
貞忌之思平隱姓名爲獵者以一犬自隨至品甸投宿主人有

一戟用生牛革四疊褁之入夜風忽吹戟洞貫牛革思平驚曰是何銛利豈神戟耶及明以犬易戟又得神驥於業鏡湖飢摘野桃剖之核膚有文曰青昔思平析之曰青乃十二月昔乃二十一日今楊氏政亂吾當以是日舉義乎遂借兵黒爨三十七部皆助之至洱河是夕夢人斬其首又夢玉瓶耳缺鏡破懼不敢進其軍師董伽羅曰三夢皆吉兆也公爲大丈夫去首天子兆也玉瓶去耳爲王王者兆也鏡中有影如人有敵鏡破則無影無影則無敵也乃決明旦引兵欲渡莫知所從見江尾一婦衣白披纓而浣者指曰人從我江尾馬從三沙矣爾國名大理

從之得濟遂逐楊氏而有蒙國遣人覓白衣婦不獲掘地中得白石大士一座遂改國號曰大理時正後晉初年間也至二十七世傳至輿智已三百餘年矣元世祖破大理擒輿智及其臣高泰祥泰祥不屈欲官之嫚駡不受斬於五華樓下臨刑曰段運不回天使其然爲臣死國職也吾事畢矣時烈日當午雷電大作風沙愁慘觀者莫不洒泣世祖曰忠臣也命收葬之未幾赦輿智封爲摩訶羅嵯管領傳八世至段光爲蒙化知府元大德中梁王以宗室鎮善闡與段氏分域搆隙大破光兵至正十二年段功繼爲總管明玉珍寇雲南梁王奔威楚諸部悉亂功

進兵於呂合敗玉珍於關灘玉珍收餘衂再戰殺段氏驍酋鐵萬戶屯古田寺段氏火之珍軍亂死者十七八追至回蹬關大敗之玉珍母自蜀寄軍中書言務得南中功獲之使楊淵海更其辭令早還募人將書往其臣陳惠曰吾以一命救萬人書至玉珍默然遂遯歸功追至七星關大挫其衆梁王德功以女阿蓋妻之功夫人高氏寄樂府一章促之歸其詞曰風捲殘雲九霄冉冉逐。龍池無偶。水雲一片綠。寂寞倚屛幃。春雨紛紛促。蜀錦半閒。鴛鴦獨宿。好語我將軍。只恐樂極生悲冤鬼哭。功得書乃歸既而復往左右譖於王曰段平章此來大有吞金馬嘶碧雞之心矣盍早圖之梁王密召阿禮命曰親莫若父母寶莫若社稷功今志不滅我不已脫無彼猶有他平章不失富貴也今付汝孔雀膽一具乘便可毒殪之禮潛然受命夜寂私語功曰我父忌阿奴顧與阿奴西歸因出毒具示之功曰我有功爾家我趾蹶傷爾父爲我褁之爾何造言至此三諫之終不聽明日邀功東寺演梵至通濟橋馬逸因命蕃將格殺之阿禮聞變失聲哭曰昨暝燭下纔講與阿奴雲南施宗施秀烟花殞身今日果然阿奴雖死奴不負信黃泉也欲自盡梁王百計防衛阿禮作詩愁憤而死詩曰吾家住在雁門深。一片閒雲到滇海。心懸明月照青天。青天不語今三載。欲隨明月到蒼山。誤我一生踪裏彩。（錦被名）吐嚕吐嚕段阿奴。（吐嚕猶可惜也）施宗施秀同奴歹。（歹我也）雲片波潾不見人。押不蘆花顏色改。（押不蘆北方起死回生草名）肉屏獨坐細思量。（肉屏駱駝背）西山鐵立風蕭灑。（鐵立松林也）平章從官員外楊淵海亦題詩於壁曰。半載功名百戰身。不堪今日總紅塵。死生自古皆由命。禍福於今豈怨人。蝴蝶夢殘滇海月。杜鵑啼破點蒼春。哀憐永訣雲南土。綿酒休教酒淚頻。是日飲藥卒。功有子寶女羌娜。羌娜志復父讐。將適建昌阿黎氏。以繡旗遺寶曰。我自束髮聞母稱父寃恨。非男子不能報此旗所以識也。今歸夫家收拾東兵飛檄西洱汝急應兵會善闡因作詩二首曰珊瑚勾我出香閨○滿目潛然淚濕衣○氷鑑銀臺前長大○金枝玉葉不芳菲○烏飛兎走頻來往○桂馥梅馨豈暫移○惆悵同胞未忍别○應知含恨點蒼低○何彼穠穠花自紅○歸車獨别洱河東○鴻臺燕婉難經目○風刺霜刀易塞胸○雲舊山高連水遠○月新春疊與秋重○淚珠怡似通宵雨○千里關河幾處逢○及竇爲總管明玉珍復侵善闡梁王遣叔鐵木的罕借兵大理時寶已長答書云殺虎子而還喂其虎母分狙栗而自詐其狙公假途滅虢獻璧吞虞金印玉書乃爲釣魚之香餌繡閨淑女自設掩雉之網羅况平章已亡兄

弟朁絕今止遺一獒一奴奴堪再贅華黎氏獒叉可配禚妃如此事諾必借大兵如其不可待金馬山換作黙蒼山昆明池改作西洱池則軍來矣書後附一詩云烽火狼烟信不符。驪山舉戲是吾。平章枉死紅羅帳。員外空題粉壁圖。鳳別岐山祥兆隱。龍游郊藪瑞光無。自從界限鴻溝後。成敗興亡不屬吾。梁王見而恨之時明太祖開基金陵遣其叔叚貞奉表歸欵寶死子明嗣未幾死叔叚世權國事明兵定善闡世遣張元亨馳書請依唐宋故事頴川侯傅友德辱其使進師擒世

西南外徼有驃國古朱波也自號突羅朱闍婆在永昌南二千

里屬國十八鎮城九部落二百九十八驃王姓困沒長名摩羅惹其相名曰摩羅思那王居以金爲甓廚覆銀瓦爇香木堂飾明珠有二池以金爲隄舟楫皆飾金寶王出輿以金繩牀遠則乘象嬪史數百人青甓爲圜城周百六十里有十二門四隅作浮圖民皆居中鉛錫爲瓦荔支爲材俗惡殺拜以手抱臂稽顙爲恭明天文喜佛法有白寺琉璃爲甓錯以金銀丹彩紫礦塗地覆以錦罽民七歲祝髮止寺至二十不達其法復爲民衣用白氈以蚕帛傷生不敢衣戴金花冠翠帽絡以雜珠王宮設金銀二鐘寇至焚香擊之以占吉凶有巨白象高百尺訟者焚香

跽象前自思是非而退有災疫王亦焚香對象跽自咎無桎梏有罪者束五竹插背重者五輕者三殺人則死土宜菽粟稻粱蔗大若脛無麻麥以金銀爲錢形如半月號登伽佗亦曰足彈陀無膏油以蠟雜香代炷與諸蠻市以江豬白氈琉璃罌缶相易婦人當頂作高髻飾金珠琲衣青娑裙披羅段行持扇一切借貸賒傭通財期約諸事不知文字惟以木刻爲符各執其半如約酬償毫髮無爽如有不平赴酋長口訟以石子計其人之過酋長因而訓之閨門最嚴女嫁後壻有言其婦外窺者女父母親戚掘地縛而埋之以爲辱宗夫死不嫁自稱鬼妻種藝紡

績有織大布者機濶八尺口誦佛號方織一棱婦人敬夫進食必叩頭至地人敬酋長雖在暗室聞其過必跪舉手加額兩酋爭戰旣久勝負未分有僧入陣止之遂罷戰而歸

明建文帝出亡後涉歷徧天下恒以滇爲家從者稱之爲大師至正統元年年六十二欲東歸當遜國初爲僧十二年學易五年觀佛書疏楞嚴法華署曰文和尚又二年蓄髮爲道士講老莊又七年復爲僧又二年復蓄髮爲道士未幾又爲僧時從亡諸臣略盡師每一念及輙悲慼累日不食故有東歸之志程濟力諫阻之乃止嗣復入黔至金筑司題詩羅永菴之壁土會有

同寓僧籟詩詣思恩土知州岑瑛所詐言已是建文帝械入京同寓諸僧俱逮遂及師時程濟已九十餘髮盡白負槀以從及至京御史鞫他僧坐誣妄論斬英宗使舊時中官吳亮來視師言亮常舐食子鵞肉事亮伏地哭不能仰視歸而自縊或曰吳誠非亮也詔迎師入大內師在滇常賦詩曰牢落西南四十秋。蕭蕭白髮已盈頭。乾坤有恨家何在。江漢無情水自流。長樂宮中雲氣散。朝元閣上雨聲收。新蒲細柳年年緑。野老吞聲哭未休。又題羅永菴壁云風塵一夕忽南侵。天命潛移四海心。鳳返丹山紅日遠。龍歸滄海碧雲深。紫微有象星還拱。玉漏無聲水

滇[illegible]雜志　卷三　六

自沉。遙想禁城今夜月。六宮猶望翠華臨。閱罷楞嚴磬懶敲。笑看黃屋寄團瓢。南來瘴嶺千層迥。北望天門萬里遙。款段久忘飛鳳輦。袈裟新換衮龍袍。百官此日知何處。惟有羣烏早晚朝。

又嘗命程濟作圖因作歌曰菜色青兮。菜根辛兮。菜兮菜兮。似予情兮。又有澹菜歌云老菜根。老菜根。名固賤。用何尊。種鋤和尚走。灌溉道人奔。長雖新地力。成實舊天恩。休厭淡。莫嫌村。嚼來滋味勝鷄豚。虧他日日飽黃昏。聊將性命存。師既入宮宮中人皆呼為老佛以壽終葬西山不封不樹

景東蒙化山多有瘴西至永昌殆甚瀾滄潞江水皆深綠不時

紅烟浮其面日中人不敢渡瘴起於春末止於秋杪夾岸草頭相交結不可解名交頭瘴時則行旅皆絕江岸居民色多黃瘠早死惟婦女不染也

明永樂間趙州雷擊死一夷人硃批其背曰木子唐朝一佞臣罰他十刼在牛羣而今逃脫爲夷士霹靂來尋化作塵火烙字曰李林甫

順寧府大江浮來一屍人身狗頭無尾有鬛形軀雖小手足無異於人

元太祖帖木真征東印度至鐵橋石門關前軍報有獸一角形

鹿而馬尾色綠作人言曰汝主宜早還左右皆懾耶律楚材曰此名角端盖旄星之精能四方言語好生惡殺聖人在位則斯獸奉書而至且能日馳萬八千里靈異如鬼神不可犯也帝即回馭石門關東即度盖指南詔也

緬甸富豪各家皆養象負重致遠如中土之畜牛馬也蠻王宴漢使於百花樓前入舞象曲動樂作優倡引入象以金羈絡首錦繡纏身隨拍騰蹋無不中節

南史云南海頓遜國有酒樹似安石榴採其花汁停甕中數日成酒甘美舊志云樹頭酒樹頭櫻高五六丈結實大如李土人

以麫納礶中以索懸礶於實下倒其實取汁流於礶以爲酒名曰樹頭酒或不用麫惟取汁熬爲白糖其葉即貝可寫緬書譚用之詩曰昔年南去得吳嬪頓遜杯前共好春即謂此也

木煤出昆明山中土人掘地數丈得之狀如梁柱榱棟或如大樹皆條理有文燒之火焰異於他煤間有於煤中得銅鐵佛像及砧皿諸器者質皆柔腐易化不知何代物也

唐南詔異牟尋遣清平官尹輔酋等獻鐸鞘欝刃於朝鐸鞘狀如殘月有孔旁達出麗水飾以金所擊無不洞夷人尤寶之月以血祭欝刃鑄時以毒藥並治取迎耀如星者凡十年乃成淬

以馬血以金犀飾鐔首傷人即死以淚人所鑄故一名淚劍唐貞元中驃王雍羌聞南詔歸唐有內附心遂令其子舒難陀進樂於朝德宗深加褒美賜以勅書後元微之白樂天皆有驃國樂詩元詩云驃之樂器頭象駝聲音不合十二和縱舞跳趫筋節硬。繁詞變亂名字訛。千彈萬唱皆咽咽。左旋右轉空㑃㑃。俯地呼天皆不會。曲成變調當如何。德宗深意在柔遠。笙鏞不御停嬪娥。史館書爲朝貢傳。太常編入鞮靺科。古時陶堯作天子。遜遯親聽康衢歌。又遣遒人持木鐸。徧採謳謠天下過。萬人有意皆洞達。四嶽不能施煩苛。盡令區中擊壤塊。燕及海外罕恩波。泰覇周衰古官廢。上堙下塞王道頗。共矜異俗同聲教。不念齊民方薦瘥。傳稱魚鱉亦咸若。苟能效此誠足多。藉如牛馬亦蒙澤。豈在抱甕滋黿鼉。教化從來有源委。必將泳海先泳河。是非倒置自中古。驃兮驃兮誰爾何。白詩云驃國樂驃國樂出自大海西南角雍羌之子舒南陀來獻南音奉正朔德宗立仗御紫庭黈纊下塞爲爾聽玉螺一吹椎髻聳銅鼓一擊文身踊珠纓炫轉星宿搖花鬘抖擻龍蛇動曲中王子啟聖人臣父願爲唐外臣左右歡呼何嫺習皆尊德廣之所及須臾百辟詣闕門俯伏拜表賀至尊伏見驃人新獻樂讀書國史傳子孫時有擊壤老農叟閒測君心閒獨語聞君政化甚聖明欲感人心致太平感人在近不在遠太平由實非由聲觀身理國國可濟君如心兮民如體體生疾苦心慘悽民得和平君愷悌貞元之民若未安驃樂雖聞君不歡貞元之民苟無病驃樂不來君亦聖驃樂驃樂徒喧喧不如聞此芻蕘言

吐蕃在雲南鐵橋之北一名古宗一名西蕃一名細腰蕃在唐常寇雲南南詔不能勝讓之爲兄後劍南節度提南詔兵擣其巢穴斬首數十萬永斷鐵橋自是不復爲滇患至明太祖平雲南遂裂吐蕃爲二十三支分屬郡邑以麗江控制古宗永寗北

勝控制諸蕃而吐蕃勢愈微矣

普渡河金沙江巖險水汹不可舟楫以藤絙縛於兩岸樹上絙上架一木筒渡者以繩縛身繫於筒上兩手握筒緣藤溜而過所謂渡索尋橦是也俗名溜筒

蜀漢建興三年武侯南征句町北望雲凝如蓋恐有蠻兵潛伏密訪其境就雲之團聚處掘土尺餘遍地皆石其形如盤武侯占曰石爲雲根雲爲文彩千餘年後必有規方是域而文明儼中州者元至正十年建州爲石坪明太祖易坪爲屏

點蒼山有望夫雲相傳昔有人素貧困遇蒼山神授以異術忽

生肉翅能飛一日至南詔宮攝其女入玉局峯爲夫婦凡飲食皆能致之後問女安否女曰太寒耳其人聞河東高僧有七寶袈裟飛取而還僧覺以法力制之遂溺水中女望不至憂欝以死其精氣化爲雲倏起倏落若探望之狀此雲一出洱河中即有雲應之颶風旋起舟遇即覆入戒停泊俗又呼爲無渡雲隋開皇中史萬歲伐南蠻行數百里見諸葛武侯紀功碑其背有銘曰萬歲之後勝我者過此萬歲令左右倒之其碑趺誌曰萬歲不應仆吾碑萬歲大駭重立其碑而去

明正德間永昌人於哀牢山掘地得古碑段中庸撰文略曰夫

人諱福則伽宗胄裔之嫡女也事君子也樂其道而不滛逮下妾也用其能而不妬又曰月出雞鳴照哀牢之名縣鴻飛滇渚下潯陽之長江餘文俱零落不可辨不知何代物也

明成化中趙州畢鉢羅窟絕壁上有詩云懸崖萬仞沒躋攀。樓觀參差烟靄環。一派水流蒼石隙。數聲猿嘯白雲間。堪嗟簫史乘鸞去。定是王喬駕鶴還。惟有靈橋高略彴。幽禽惆悵對空山。不註姓氏然其地人不能到竟不知爲誰筆也

省城麗譙之鐘其聲洪遠相傳初鑄時有異人董其冶既成辭去戒曰俟我行百里乃叩當聞百里甫行二十里遂叩今聲止

此耳又一日叩鐘無聲有羽士云鐘神入於滇池未幾池上人來言每夜鐘鳴池中乃命羽士以符籙攝之鳴如故今其下範銅爲神恒以鐵索繫之蓋當時所厭勝也

觀音山村民楊姓者業陶瓦每見窰側有白雞白象掘之尺許得二瓮相合中有金牛二棋局一置牛於倉上明晨視之隱隱有犂形其穀盡取之夜復溢棋局金光射目黑夜著之亦明家遂巨富後爲大盜劫去

省城沙浪里有龍湫相傳湫中龍出遊變形爲人委其鱗甲於石間有貨郎憇石上見甲冑一具如龍鱗乃服之忽腥風起湫

中水族迎之而入有頃龍至覓其甲不得走入水中水族不能辨相率拒之貨郎遂爲龍據其湫鄉人呼之爲貨郎龍

洱河八月望日有珊瑚出水面漁人往往見之世傳爲海龍獻寶

和山花樹高六七丈其質似桂其花白每朵十二瓣應十二月遇閏輒多一瓣俗以爲仙人遺種在大理上關和山之麓土人因以其地名之今樹已爲火焚矣

楊升菴慎戍永昌遍遊諸郡所至攜倡伶以隨蠻酋欲求其詩翰不可得乃以白陵作裓遺諸妓服之酒後乞詩楊欣然命筆

醉墨淋漓揮潇裙袖酋重價購歸楊後知之更以爲快

又楊在滇中有懷歸詩云星橋南望沉犀渚雪嶺西連抱珥河關塞渺茫魂夢隔山川迢遞別離多汀洲春雨搴芳杜茅屋秋風帶女蘿心事未從詹尹卜生涯聊聽楚童歌後暫歸瀘年已七十餘滇士有譖之撫臣王昺者昺俗吏人也使四指揮以銀鐺鎖來楊不得已至滇則昺已墨敗然遂不能歸病寓禪寺以没

楊升菴久戍滇中其妻黄氏寄一律云雁飛曾不到衡湘錦字何由寄永昌三春花柳妾薄命六詔風烟君斷腸曰歸曰歸愁

歲暮。其雨其雨怨朝陽。相憐空有刀環約。何日金鷄下夜郎。又一絶云懶把音書寄日邊。別離經歲又經年。郎君自是無歸計。何處青山不杜鵑。又黄鶯兒一闋云積雨釀春寒見繁花樹樹殘泥塗滿眼登臨倦江流幾灣雲山幾盤天涯極目空腸斷寄書難無情征雁飛不到滇南升菴和三詞俱不能勝并載於此其一云夜雨滴空堦儔愁人枕畔來鄉心一片無聊賴淚眸懶揩狂歌懶裁沈郎多病寬腰帶望琴臺[illegible]外懷抱幾時開其二云霽雨帶殘虹映斜陽一抹紅[illegible]村收三美東林晚鐘南天曉鴻黄昏新月弦初控望長空撫襟誰共萬里楚臺風

其三云繇雨濕流光愛青苔繡[illegible]墻鴛鴦浦外清波漲新篁送涼幽芳芙香雲廊水榭堪遊賞倒金觴形骸放浪到處是家鄉

鄧渼彬州人好爲六言詩[illegible]萬歷中巡按雲南詩云地控雙關金碧。雲開兩迤東西。谿戶海波瀰瀰。四時草色萋萋。峯頭半起雲彩。江曲初生月牙。荻岸蘆洲相向。碧雞山下人家。細雨斜拖白練。春風自煎紅羅。感此驚心濺淚。故園歸去如何。沙木和邊月白。花橋關下雞鳴。風遞一聲畫曉。星殘幾點松明。又有日出高原烟水。雷鳴初澍田疇。注云滇俗瀦水處皆稱海子呼雲爲雲彩初生月曰月牙晝角爲晝曉松炬爲松明高田爲雷鳴田

謂雷鳴雨沛始得種也拖白練鳥名煎紅羅花名沙木和花橋
關俱地名

瀾沂雜志 卷三

末

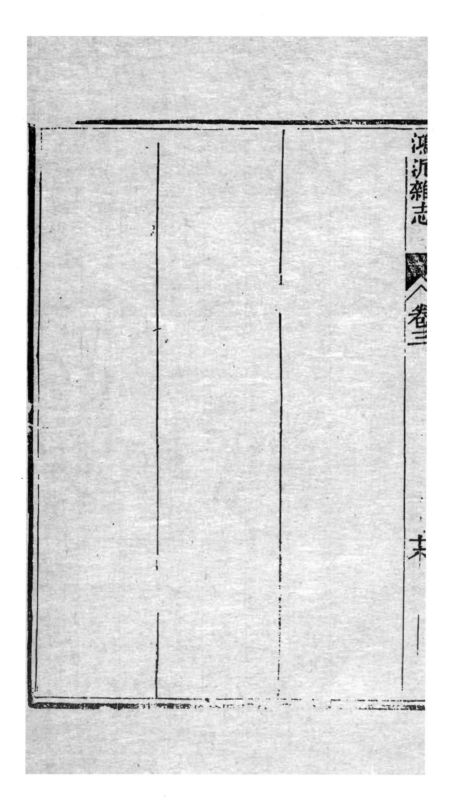

鴻泥雜志卷四

雪漁氏編

劉健庭聞錄載吳逆事甚悉以其尊甫爲雲南府司馬事多目睹故言之真切如此茲摘錄數條於左

吳三桂字月所先世由安徽徽州至高郵流寓遼東因家焉父驤母祖氏祖大壽之同懷也三桂自少爲邊將勇而敢戰嘗逐一騎射之騎墜地佯死三桂下馬取其首騎突起揮佩刀傷三桂鼻血流被面三桂卒斬其首携之以歸摠監高起潛爲三桂義父大喜曰真吾兒也上其功得優叙自此累遷總兵官

吳驤既降賊三桂亦以所部之衆西行赴降道遇家人來自京師者詰問得父被執狀莞爾曰此脅我降耳何患復問陳姬無恙乎時陳已爲賊所掠家人以告三桂怒曰大丈夫不能保一女子何面目見人乎遂揮衆返

自成聞三桂之來而復返也命僞相牛金星爲驤作書招之曰爾以皇恩特簡得專閫任非累戰功也不過謂强敵在前非有異恩激勸不足以誘致英士此管子所以行賞罰之令而漢高見韓彭則予重任之類也今爾徒飾軍容怯懦觀望使李兵長驅而入既無批吭擣虛之謀復無形格勢禁之力事勢已去天

危難則吾君已矣爾父須臾嗚乎識時務者可以知所變計矣昔元直棄漢歸魏不爲不忠伍子胥違楚適吳不爲不孝然以二者揣之爲子胥難爲元直易我爲爾計不若反手銜璧負鑕畀板及今早降不失通侯之位而猶全孝子之名萬一徒恃憤驕全無節制客主之勢既殊衆寡之形不敵頓甲堅城一朝殲盡使爾父無辜並受僇辱身名俱喪臣子俱失不亦大可痛哉語云知子莫若父吾不能爲趙奢爾殆有疑於括也降將唐通亦遺書招之三桂不答上書於父畧曰桂以父蔭熟聞義計得待罪戎行日夜厲志冀得一當以酬主眷屬邊警方急寧遠爲

國門戶淪陷幾盡桂方力圖恢復以爲李賊猖獗不久即當撲滅恐往返道路兩失事機故爾暫稽時日不意我國無人望風而靡吾父督理御營勢非小弱巍巍萬雉何至一二日便至失陷使桂捲甲赴闕事已後期悲恨何極側聞主上宴駕臣民僇辱不勝眦裂猶意吾父素負忠義大勢雖去猶當奮椎一擊誓不俱生否則刎頸闕下以徇國難使桂縞素號慟仗劍復仇不濟則以死繼之豈非忠孝媲美乎何乃隱忍偷生訓以非義既無孝寬禦寇之才復愧平原罵賊之勇夫元直荏苒爲母罪人陵苞二親並著英烈我父蹻蹻王臣反愧巾幗女子父既不得

爲忠臣兒安得爲孝子乎桂與父訣請自今日父不早圖賊雖置父鼎俎旁以誘三桂不顧也傳檄遠近討賊復仇復至我朝爲秦庭之哭飢壁中薙髮與攝政王鑽刀定盟攝政王率精兵兼程而進

三桂分藩雲南居劉文秀故宅以其狹小填菜海子之半更作新府制度擬於帝居千門萬戶極土木之盛又造亭滇池中名近華浦又爲園於西郊名安阜園內皆屋一所名萬卷樓古今書籍無所不備刻開疆疏章旨修平蠻功績期垂永久塑像於報國寺在布袋和尚下像將巾衣松花色袍錦邊右手撫膝

左手執卷而左顧

西寺落成大享文武官盤道趙廷標平日好爲詩三桂請咏金剛廷標口占曰金剛本是一團泥張拳鼓掌把人欺你說你是好漢子何敢同我洗澡去三桂大笑亦心知其諷已也

三桂有三奇物一虎皮一大理石一寶石帽頂虎皮白章黑理得之寧遠或云卽騶虞大理石屏二沐氏舊物也一高六尺山水木石渾然元人名筆一差小山巔一鷺水涘一虎上下顧盼神氣如生帽頂大紅寶石寬徑寸長二寸許光照數丈炎炎若火

三桂少時曾爲毛文龍部將後與毛氏不相聞問浙帥李强奪毛氏宅毛氏無如之何有老僕素狎三桂赴滇訴其事三桂令李還宅且責輸金謝毛氏傅宗龍亦三桂舊帥也其子某三桂待之如親兄弟稱爲傅二阿哥王府門禁甚嚴某非時出入侍衛不敢詰寧都兵科曹應遴於三桂有恩其子舉人傳燦游滇三桂以十四萬金贈行既貴不忘故舊三事可以愧世之薄

三桂於督撫用年家弟帖司道用侍生帖自督撫以及首領時有餽送袁巡撫懋功內召程儀十萬金揮金如土爲防口也

順治十八年十月三桂出邊諭緬令獻永歷郎撤兵十二月朔

三桂至舊晚坡緬相錫真約我兵往迎永歷次日遣高得捷官國泰盛有功徐伯謙率兵百人往又遣吳國貴率兵二百人爲繼漏下二刻緬獻永歷併太后馬氏后王氏太子慈烜及宮女十四人太監七人又華亭侯王維恭之妻妾子女十人文武官妻女百餘人是日日昃緬紿永歷曰晉王李定國至矣今送帝出就晉王軍縛竹椅爲肩輿舁永歷乘舟及水淺舟膠高得捷負以登岸永歷問其名曰臣平西王前鋒高得捷也永歷曰平西王乃吳三桂也今來此乎遂默然初三日永歷至舊晚坡初十日三桂擁永歷班師回滇

康熙元年四月二十五日三桂殺永歷於滇城篦子坡先是内大臣愛星阿議送永歷入都三桂以道遠恐有不虞愛星阿曰然則如何三桂曰斷首愛星阿以爲不可安南將軍卓羅厲聲曰一死而已彼亦曾爲君全其首領可也乃命楊坤夏國相進帛此時風霾突起屋瓦俱飛霹靂三震大雨傾注空中有黑氣如龍蜿蜒而逝太子及王維恭子皆縊翼日送太后入都

康熙五年雲南鄉試平西藩下中式者一百六十三名三桂自誇藩下子弟彬彬多文學之才主司迎合其意有口尚乳臭未入棘院塡榜署名而登賢書者是科中式某後任某州知州大

堂署聯云皂隸排班渾如一天星斗本州坐堂好似玉帝朝天又額其廳曰廳焚軒一何可笑

三桂於新任官知縣以上有才望素著及儀表偉岸者百計羅致令投身藩下蓄爲私人雲南府同知劉公初謁三桂目矚不轉瞬已而使其私人胡國柱道意劉公曰我已於廷試之日太和殿中投身矣胡掩耳走當胡來時袖出馮某投身劵一紙云立賣身婚書楚雄府知府馮某本籍浙江臨海縣人今同母某氏賣到平西王藩下當日得受身價銀一萬七千兩後書媒人胡國柱凡賣身者皆師事國柱故當時人言滇中有三好吳三

桂好爲人主士大夫好爲人奴胡國柱好爲人師

八面觀音與圓圓並擅殊寵故宗伯南昌李明睿妓也宗伯侍兒十數輩聲色極一時之選而八面爲之魁其曹四面觀音亦美姿容亞於八面宗伯老爲給事某所得以奉三桂辛酉城破圓圓已死八面歸綏遠將軍蔡毓榮四面歸征南將軍穆占

經略洪承疇東還三桂問自固之策洪曰不可使滇一日無事三桂頓首受教

三桂僞國號周僞元昭武其孫世璠僞元洪化

吳藩財物充斥籍没時裁紙折疊小刀亦至數庫

馬寶字城璧秦人少小時即力敵數人歲令牧羊有同牧者攘其羔寶怒斃之拳下有司逮訊寶曰我童子也焉能斃彼有司見其幼亦疑死者不由寶而斃置獄中不加桎梏先有巨盜在獄中寶脫其械遂同逸爲盜爲人反覆無常號兩張皮狡黠善戰唐初有驍將馬三寶人羨其勇亦以三寶呼之寶雖起羣盜性嗜文墨好與士大夫遊次子自援字磐石恂恂儒雅諳聲韻之學有詩集行世

張獻忠死餘黨惟孫可望爲長羣受其約束獨李定國稍與之抗可望惡其倔强以事杖之百定國憾甚定國字一人綏德州

人勇幹剛直目不知書有昆明金公跡者知其可動取世傳三國演義時時爲之誦說定國樂聞之已遂明斥孫可望爲董卓曹操一流而以諸葛武侯盡忠之事期定國定國大感悟謂公跡曰孔明何敢望關張伯約之所爲不敢不勉自是益與可望左壬辰歲入廣西不復稟命可望遣馮雙鯉襲之定國覆其軍乙未定國攻廣東新會爲平南王尚可喜所敗退走南寧時永歷在安隆可望患定國之入安隆也遣關有才等以精甲四萬拒之田州定國襲破有才收其兵丙申至安隆奉永歷入雲南丁酉可望大舉擊定國其部白文選等密與定國約陣而不戰

俾定國全力擊中軍以故可望全軍覆没可望走湖南詣經畧洪承疇投降入都封歸義王具言雲南可收狀三桂聞之欲自以爲功上疏請進兵報可分兵三路中路經畧洪承疇由湖廣入東路趙布太由廣西入西路三桂由四川入三路俱集戒期入滇嗣李定國拒戰敗績遂奉永歷西走三桂率兵追之復敗定國於磨盤山定國走銅壁關永歷巳先入緬定國與相失定國聞白文選在木邦移兵與會文選率賀九儀等入緬迎永歷緬調兵守文選不能攻乃返仍駐木邦定國移猛緬嗣定國大敗緬兵殺緬兵以萬計而永歷終不能出緬酋盡殺永歷從臣定

[illegible]以糧竭移營洞武復由九龍江走黑線至車里之猛腊聞永
歷訃遂哀憤成疾死

陳圓圓本吳人明懷宗時外戚周嘉定伯以重貲購之納於椒
庭懷宗以國事焦勞遣還周邸時吳三桂奉詔出鎮山海關嘉
定伯餞之出女樂佐觴圓圓在列吳深屬意焉詰朝使人告於
周有紫雲見惠之請周許諾吳以千金爲聘限迫卽行未娶也
嘉定伯盛具奩粧送吳父驤家未幾闖賊攻陷京師擄驤以招
其子家人潛至帳前約降吳問陳娘何在使以籍入告吳大怒
曰大丈夫不能自保其室何以生爲卽作書與驤訣縞素與師

鴻泥雜志 卷四

賊拶盡屠吳之家口其正室亦遇害而圓圓反以籍入無恙嗣其部將於都城搜訪得之飛騎傳送時吳方駐師絳州聞之大喜列旌旗簫鼓三十里親往迓之由此寵愛無間及吳進爵爲王欲將圓圓正妃位圓圓力辭不承命吳乃別娶中閫而後婦妬甚凡羣姬之艷而進幸者輒殺之惟圓圓能順適其意居別院雖貴寵相等而不相排軋圓圓本姓邢府中皆稱爲邢太太久之吳蓄異謀圓圓窺其微以齒暮請爲女道士日以藥鑪經卷自隨吳訓練之暇每至其處清談竟晷及吳造逆病歿籍其家其姬妾俱入禁掖圓圓之名氏獨不見於籍其元機之禪化

耶抑紅線之仙隱耶皆不可知然遇亂能全晚節克終使吳遇於九泉其負愧何如矣

陳定九作圓圓傳內有吳藩謀逆半出同夢之謀一語圓圓歿後深怨此語之誣百餘年後滇中王鄭二生爲扶鸞之戲圓圓降臨初次降壇詩曰舊日繁華事盡刪。春來愁鎖兩眉彎。珠襦已分藏棺底。金盌猶能出世間。離合驚心悲壹角。與亡遺恨記紅顏。看他跋扈終何益。寶殿飄零翠扆斑。我本陳氏圓圓也來滇未久物化人間香埋地下已百餘年矣今夕得傍乩壇情合有緣復製小詩十首欲借諸君刊[illegible][illegible][illegible]九原之目奈夜漏催入柔魂難玗不能遍述姑容[illegible][illegible][illegible]次夜又降詩曰落花芳徑夜還開。有約何妨首再同。[illegible][illegible]隔籬空吹影。一鈎新月破雲來。東風輕拂海棠梢。香[illegible][illegible][illegible][illegible]絳梢。一縷柔魂嬌欲化。倩誰紅袖夜相招。女史[illegible][illegible][illegible][illegible]至諸君皆當時碩彥爽氣逼人夜臺人何敢久傍以幽僻相投故借乩作合幸無以他見問即問亦不知知亦不答也祈先諒之如妾非不自笑長眠已久好名之鄙豈未化耶但與田婦村姑同一腐朽後世雖稔其名無由識其人爲深可恨耳小詩錄出請諸君研墨濡毫以待可也清茗一杯爐烟半炷足見主人情重新詩十首心緒百端聿稱薄命多愁一笑憶昔深藏田竇家侯門歌舞艷如花。而今多作殘宵夢。隧道漁燈掩碧紗。英雄其奈太情多。戰鼓聲中奪翠娥。莫怪當年吳祭酒。誚儂夫壻爲儂歌。春來纔聽鷓鴣啼。又見空梁落燕泥。寒食飛花心事亂。任他斜日下樓西。芳草萋萋沒故宮。夜深重過掖門東。踏青數試新羅襪。底様新裁一瓣紅。素馨開遍舊時花。小雨飛紅映淺沙。蛺蝶倦尋芳徑宿。雙雙飛過玉鈎斜。花有清香月有痕。夜臺春色更銷魂。尋詩不覺歸來晚。燐火熒熒照墓門。釵鈿空切舊承恩。金屋春深掩淚痕。傲鬼有情天亦恕。任吹玉笛向黃昏。三次降筆詩云又是春三二月天。

陌頭楊柳盡含烟。一坏荒塚斜陽晚。遍處青山泣杜鵑。珠箔銀屏手自開。鳳鞋紅印破蒼苔。難忘昨夜題詩處。重過仙家舊講台。因諸君子有事失約寻懷悵悵而還今夜祈得仙符不妨少留請畢其詩幸郎付棗梨以光泉壤勝各携麥飯一盂紙錢一陌弔我於夕陽蔓草之間者多多矣如必敦古道可於刻詩成册之後携向商山西北隅平疇樹側呼我名而告之冥冥有知自必聞聲唧結切勿以之覆醬使鄙人有付託非人之憾也新詩臨徧薛濤箋。無限春愁祇自憐。花影一瓶香一榻。糕成小舞獨嬾娟。爲怕春寒不捲簾。金爐香盡手重添。梨花院落溶溶月。

夜夜清光照綺檐。蕩蕩春山烟樹濛。離離禾黍月明中。憑君欲語當年事。淚染胭脂辱井空。諸君欲以往事見問難於盡述用賦長篇畧陳大概我本吳門浣紗女。圓圓小字嬌白苧。自幼深閨秀出羣。粧成多厭鉛華御。稍長昇藏貴戚家。珠圍翠繞擅歌舞。當時名譽動京華。能使王侯屢延佇。一朝蟻賊擾南棱。孩兒十八焚鐘簴。鼎湖龍已去深淵。萬里分封來蠻宇。碧鷄山色映瑶窗。翠海波光環珠戶。後宮清麗盡如花。獨妾承恩嬌不語。星移物換彩雲收。傷心瘞玉歸黃土。環珮難從月夜歸。故園姊妹空愁予。詩歌皆未有盡姑再一申嘆息滄桑易變遷。西郊風雨自年年。諸君弔我青山下。冷落何曾有墓田。盡將樽酒奠荒阡。點滴真難到九泉。贏得新詩傳絕域。一回含笑一淒然。爐烟一碧透窗紗。符使重迎油碧車。又是一番寒食節。落花飛絮正無涯。傷心黃土百年墳。新火遥從隔院分。冷落自甘還自惜。翠裙香盡手重薰。王君豪俠異凡庸。鄭子殷勤義氣鍾。肯爲夜台人作賦。墨濃情篤感吳儂。銀管新詩手自裁。多君珍重甚瓊瑰。夜深燭影摇紅處。應有啼粧歛衽來。詩將付刻足見諸君高義賦此志謝從此人鬼殊途宿緣有定不克頻來諸君約清明後尚候於商山舊園西北平疇内山花欲笑小鳥迎人試誦前詩恍

[illegible][illegible]睹前人有詩云夕陽一片桃花影。中有亭亭倩女魂。寻之
形神亦可仿彿見之矣自是遂絶再請之亦不至攷商山在滇
省北門外相傳圓圓葬於此山之麓而歲久湮没竟不能得其
墓所後於嘉慶九年六月李鶴坪賈菊厓諸子設乩香雪亭仍
請圓圓而圓圓不至再四焚符女鬼王氏降有圓圓仙去之語
乃各賦題詞刋刻降筆焚於商山終踐王鄭之言

康熙十二年十一月吳三桂反初三桂收畜亡命久謀不軌適
命搬移家口逆黨胡國柱吳應期吳國貴夏國相郭壯圖衛璞
方光琛方學範等密畫於内馬寶力贊於外張國柱高起隆王

屛藩等應之殺巡撫朱國治按察使李興元不屈械繫於獄雲南知府高顯辰同知劉崑皆被杖安置復潛通貴州提督李本深爲接應雲貴總督甘文焜知勢不可爲謀守鎮遠扼賊咽喉以徵調援兵力圖恢復比至鎮遠而副將姜義先已從賊文焜父子及筆帖式何善雅圖皆死之三桂遂使吳國貴爲前鋒徑寇辰沅至荊江使王屛藩由蜀寇漢中夏國相寇江西又糾廣西孫延齡馬雄廣東尚之信福建耿精忠同反數省騷動

上命滿漢大兵討之賊不敢渡江既而四川兩廣次第克復三桂屯兵湖南摟括糧餉民人困苦引領以望大軍十六年三桂

求援於蒙古割麗江江內喇普地賂之十七年三桂死於衡州十八年海朝龍起兵鶴慶田進學起兵永昌討吳賊不克朝龍敗由吐蕃走京師進學死十九年大軍取貴州先是郭壯圖等因三桂死擁其孫世璠進屯貴州以拒大兵及定遠平寇大將軍貝子章泰統征南將軍穆占鑲藍旗叅贊都統喇賽正白旗前鋒統領薩克查巴圖魯正藍旗都統釋迦保正黃旗先鋒統領陝納海鑲白旗副都統蟒紀錄正黃旗副都統陶代鑲紅旗副都統花色正藍旗副都統公圖正白旗副都統宜思孝正紅旗副都統官保鑲黃旗內閣學士兼禮部侍郎薩海署副都統

盧崇峻綏遠將軍湖廣總督蔡毓榮江西總督董衛國建義將軍林興珠貴州提督趙賴山西提督周卜世等滿漢官兵由湖廣克辰龍關楓木嶺取鎮遠清平破僞將軍韓天福於平越世璠遁回雲南二十年正月大兵克盤江世璠遣僞將軍線緎屯兵江西坡扼險以待章泰大敗之賊分兵據黃草壩征南大將軍賴塔統叅贊希福馬齊趙連等及兩廣總督金光祖福州將軍馬九玉率滿漢兵由泗城州奪石門坎拔安籠所繞出賊後大破之二月賴塔至曲靖金城歸附線緎始遁章泰遂會師於曲靖十九日師抵雲南世璠遣郭壯圖悉精銳迎戰大兵夾攻

之大破於呼馬山下賊嬰城拒守大兵圍之時滿漢兵數十萬方以糧糗爲慮巡撫伊闢布政使王繼文開誠遍諭安集流移勸餉召買萬姓踴躍晝夜輓運未幾伊闢卒於軍以王繼文爲巡撫田啟光爲布政使又

命學士佛倫侍郎金鋐等馳至軍中總理糧儲四月賊將馬寶自遵義由尋甸奔楚雄都統希福提督桑格迎戰於呂合擒之時胡國柱王緒王公良李匡等復合潰衆於遮西夏國相高起隆廖進忠王永清等潛聚於廣南大兵分路搜討胡國柱王緒李匡自殺擒高起隆等俘馬寶夏國相於京餘黨磔於市遮西

廣南平八月宣威將軍紀哈里同副都統希福覺羅西布勇畧將軍雲貴總督趙良棟由建昌渡金沙江鎮安將軍噶爾漢護軍統領佟雅副都統得爾德翁艾張長庚由永寧會師於雲南十月初八日大兵移營逼城賴塔進兵銀錠山蔡毓榮奪重關及大平橋穆占趙良棟王繼文奪玉皇閣遂至東西寺章泰策應賊悉力拒守王繼文遣人自鶴慶北勝運紅衣炮至銀錠山晝夜攻擊賊大懼章泰等復書告示射入城中諭以順逆賊皆有離心二十二日賊黨余從龍吳成鰲出降趙良棟王繼文領兵攻得勝橋蔡毓榮攻大東門林興珠攻草海賴塔攻銀錠山

並分兵攻近華浦西面逼城復遣余從龍入城招撫二十八日城中賊亂線域等擁兵入郭壯圖家殺壯圖心腹郭得勝壯圖及其子宗汾舉火自刎世璠亦自殺線緎吳國柱吳世基何進忠黄明等開門出降城下之日兵不血刃隨礫方光琛方學範於市斬世璠壯圖首級並戮吳三桂屍俱函送京師三十日章泰遣穆占馬齊入城大兵分守各門籍吳世璠家產大兵陸續凱旋

土酋普名聲謀叛後中砲死其妻萬氏擁衆據阿迷州與安南土酋沙源諸子定海定洲逼招定海爲贅壻已復殺定海而贅其

定洲定洲既贅萬氏兼有安南阿迷之衆復吞併夷地南至交岡順治二年元謀土酋吾必奎反黔國公沐天波調定洲赴剿逗留不進及必奎伏誅後定洲始至留屯省城外不肯歸聞天波家饒富足定洲心動陰結其左右爲内應以是月朔入城辭行率衆襲天波時變起倉卒天波由小竇出西城太夫人陳氏夫人焦氏俱自焚死天波遂奔楚雄定洲因盡得沐氏所有據省城刼巡撫吳兆元爲題請代天波鎮滇又至祿豐執家居詹事王錫袞置貢院脅之與兆元傳檄各州縣旋聞天波在楚雄自率衆追之是時楚雄新爲吾必奎所破金滄道楊畏知奉調

監軍至楚雄人留之遂駐楚聞定洲西出與天波計守禦之具未集曰公在楚賊以全力聚攻城必破公不如西走永昌使楚得爲犄賊欲西追恐楚襲其後留攻楚又恐公從西來首尾牽制上策也天波從之定洲至楚雄閉門不得入爲畏知所紿遂去遣其黨王朔李日芳等分攻大理蒙化陷之屠殺以萬計又圍武定推官陶光邱固守攻四十餘日乃去三年定洲復攻楚雄時賊恐畏知截其歸路又聞滇東祿永命龍在田等各自守因不敢至永昌撤兵還竭力攻楚雄楚雄守具已集屢攻不能下畏知覘賊懈輒出奇兵奮擊前後所殺傷甚衆圍數月賊稍

鴻泥雜志

引去東攻石屏守堅復回攻寧州破之四年正月定洲復攻楚雄時定洲既陷迤東諸郡縣又引兵而西分爲七十二營每七營各爲一大營統之環焚塹濠三重爲久困計畏知竭力固守經八十餘日糧盡援絕幾不能支會流寇張獻忠死餘黨孫可望李定國劉文秀艾能奇率殘兵由遵義入貴州龍在田使人告變且勸其至滇可望因詐稱黔國焦夫人弟率兵來復仇三月可望等入滇賊撤兵往援曲靖乃解圍去孫可望等破曲靖及交水俱屠之執巡按羅國巘聲言欲搗定洲巢穴分兵出蛇花口定洲時自楚雄還省城聞之大懼遂殺故詹事王錫袞

於貢院焚南城樓遁走臨安可望知定洲走即由陸凉宜良趨省攝雲南五月孫可望遣諸將分収迤東諸郡劉文秀屠武定李定國屠臨安還至晋寧鄉兵拒之復屠晋寧昆陽呈貢歸化八月孫可望自率兵逼迤西楊畏知禦於祿豐之獅子口兵敗被執可望聞其名不殺誘降之畏知曰爾從吾三事即降一不用獻忠僞號二不殺百姓三不擄婦女可望皆許之即執箭對誓迤西得免屠戮畏知之力也時沐天波在永昌可望至大理以書招之天波遣子報命可望厚待天波子陰使劉文秀隨之疾馳至永昌會天波於北城樓遂携之回楊畏知等俱至省五

年八月李定國擒沙定洲及萬氏初定洲走歸臨安屯兵佴革龍與萬氏分險自守其下湯嘉賓陳長壽等各據一山立營相去數十里爲犄角之勢私通交趾借其援以固結蠻心一日偶集於嘉賓營定國偵得之率兵遽至圍以木城固守三閱月絕其水源諸蠻懼出降者相續遂械定洲萬氏等數百人回省磔於市

沐天波當沙定洲之難欲効死其左右以存身滅賊爲言乃出走楚雄與副使楊畏知晝策固守賊攻累年士民皆無離志城得不陷孫可望李定國等入滇遣人招之天波執義不赴可望

等約以雪仇恢復乃歸各官皆受僞符天波獨佩黔國舊印及可望入黔遂與李定國謀迎永歷事之時僞王艾能奇死永歷及定國欲以能奇妻妻天波使將其衆天波力辭不受後從永歷入緬諸臣多傲慢天波於顛沛中執君臣禮甚恭緬酋獻永歷誘至木城天波察其有變揮石鎚殺數十人遂遇害其子忠亮被執不食旬日死黔國自沐英傳至天波凡十三世天波更殉難以死遂與明運相始終焉

亦資孔爲黔滇交界之所有驛屬普安普安爲夜郎地古梁州也錢湘舲棨典滇試陳夢湖廷桂副之其亦資孔驛與夢湖夜

語詩云建章北望玉繩低。行盡青山見碧雞。與爾高吟倚牛斗。不知身在夜郎西。仙郎詩思逼清秋。得助江山氣更遒。今夜月明笳吹靜。無人解爲唱梁州。

樊菱川如鑑守麗江張君彬爲井使引重之爲評其集且贈以時云君在錢唐山水間。乾坤清氣得來難。十年燕市千金骨。萬里沙江七品官。吟到蒼山差雪月。記成蘆浦辨鹹酸。京華久讀三張賦。載協於今正兩看。往復疊韻至於再三其云必契何須拘禮數宦遊同是帶儒酸可以想其風韻矣

史漁村制軍初以狀元出爲滇首自大理移首郡出門不張及

第牌謁見者輒先容毋涉及狀元二字或獻以詩云邊荒萬里佽醇醴滿市招牌史國公底事流霞盃幸得偏偏不寫狀元紅言雖俚俗亦婉而多風矣

宜良令李小雲書吉詩才雋妙其普淜旅館題壁云吳儂少小住琴溪老去生涯付馬蹄旅館曉雞催夢醒不知身在萬峰西張補裳爲麗井大使其山居漫興云酌酒澆花意興闌盤飧市遠燕賔難菌名羊肚沾葷味菜號龍鬚愧素餐官各一方忘世熱山深五月逼人寒剸憐智識看天小何日衝衢振羽翰山居閒咏云不聞黜陟葛天民又見鶯花兩度春莫愁頻年人坐井

魚鹽中有建勳臣。牕間遠岫如屏障。門外鳴蛙當鼓吹。試聽一呼山四應。鹺員雖小有施爲。霜乾遍嶺蒿爲炬。雨漲沿溪筏作橋。祇看祭龍時節過。家家料理種山蕎。深水魚苗無用買。滿山藥草不須尋。貧鹽出井溪邊女。解按宫商撥口琴。卵飲豈緣傾甕斷。午炊偶爲濕薪遲。夕陽欲落徵風度。聽唱民家笛一棱。浪說江淹筆有花。年當垂老學當家。全忘子史經書傳。細記油鹽醬醋茶。和粉慢搓牛到滾。拌鹽細嚼狗心焦。何須盛饌開家宴。便是詩人樂夜宵。墨短勤磨愁濺指。書新屢借怕傷廉。杜門竟類栢僧坐。盡日看山聽煮鹽。白板扉前聞喚起。綠楊枝外語嚾歸。分明似說山林好。不住江鄉討是非。心赤不嫌官冷淡。病多恰有睡工夫。但教養息騫鵬翮。切莫悠游守兎株。十章排奡趺岩似嘲似惋寫井上風光畧盡

補裳又有咏負鹽婦詩云負鹽婦。負鹽免租賦。先期約比鄰。終歲幾來去。麥熟不成炊。蕎開何暇顧。赤脚歷層坡。蓬頭濕冷霧。寒月朔風號。陰巖水泉冱。筬篗壓頳肩。冰磴砦瀾步。十里一停筐。五里一倚樹。少遲寒更嚴。雪阻山頭路。過門聞兒啼。息足防吏怒。鹽乾分益輕。鹽濕心屢怖。入城幸交納。糧阻敷抵數。門前吏又來。夫也出無袴。又有雪中再過鹽路山感賦云。今我歸來

歲云暮。盖山欲雪生烟霧。風聲獵獵雲漫漫。遠澗飛泉凝瀑布。三堆五堆羣玉峯。千株萬株大庾樹。轉過層坡雪愈深。輿夫沒髁不能步。一廟危乎峯頂存。四圍那有人家住。須臾日晛勉且行。下坡認得來時路。路旁買醉樂生還。沽酒少錢裘質庫。嗟彼無褐負擔夫。日暝尙欲翻山去。二詩形容擔婦擔夫之苦描寫盡致惟郵民者知之耳

杜藕莊仕途顛倒每多感懷之作然怨而不怒頗得小雅之旨其祿豐道中于役有感云西風吹老綠楊枝。蕭瑟情懷祇自知。宦海浮沉心似水。塵容憔悴鬢添絲。佯狂久效楊凝式。同調難

蒓鱸子期歸計未成空碌碌故園松桂幾時窺可以想見其胸次矣

道光丁亥戊子間王雲樹楚堂先生爲雲南方伯廉訪則翟雲莊錦觀先生也貴州古稱貴竹而祁竹軒墳何竹居金兩先生開藩陳臬於斯黔中嵩曼士溥中丞題句云貴竹稱雙竹南雲見二雲二省人傳爲美談佟鏡堂景文時官貴東觀察作竹雲歌以紀其事詞華清麗傳誦一時其序[illegible]叢集云桂竹後稱貴竹今貴州陸伯生記云漢武朝彩雲見南中雲南之名始此何竹居舊理雲雖移巡竹西道光[illegible]年春擢竹廉使王雲樹

自楚至開藩於雲祁竹軒亦於是冬由淛來旬宣於竹翟雲莊本竹產以丁亥夏陳雲臯事竹軒竹居因竹之俗以治竹雲榭雲莊相雲之宜以化雲竹蕃之民胥感其德而頌聲作　旻士先生聞而樂之手書一額文貴竹稱雙竹南雲見二雲志喜也亦紀實也命景文系以詩詩曰卿雲郁郁銀棲陌菉竹猗猗蔭涵碧萬里清風拜葛公連圻膏雨勞郇伯英簜借來銅鼓巖奇峯對出金馬宅西南光景喜常新兩兩紅薇映翠栢旻士中丞思不羣琳瑯十字撥天文吟成鳳𪆶森雙竹書罷鸞翔絢二雲氣求聲應方類聚珠聯璧合星野分一經品題乃覺造物巧地

鑒人傑豈但古所云竹軒亮節少儔侶玉宇軒軒絳霞舉時吹
律琯畫屏前似扇簹簹却炎暑竹居廣居差可擬愛竹之根如
愛子蔓草亭外金琅玕徧飼鵷雛賡樂只雲榭清暉照華隈非
烟罨靄儸鬟開鴻規傑搆矗雲表英聲威遠琛賁來雲莊雅望
平泉儕平生謹慎籌邊才甘露垂庭鵲巢樹元元幽隱燭丹崖
懿惟　芸臺大府慨幪遠六轟時巡迎鑾幰慈竹檀欒芳杜洲
大雲灑潤靈芝巘畢雨箕風寄四君承流豈化資忠悃耕雲藕竹
兩中丞志同道合分戎閫竹苞雲爛贊
昇平陸讋水慄車書混竹有筠雲有彩呈祥獻瑞通真宰四美

具二難并天造地設符嘉名此雲此竹不知幾千年未聞一時
岳牧皆名賢而況靈均雅號不謀合從此地以人重因人傳又
開中丞舊遊昆華偕往來雲竹清陰滿迄今愛竹猶望雲竹馬
歡迎雲似織兩地之民爾莫爭惟願竹雲同被仁風暖文也不
才媿伏波適從岣町來牂狪親見竹雲春藹藹惟
天子使吉人多嶰竹松雲須協和蠻烟瘴雨胥漸摩西林雅化
快先睹拜手更獻竹雲歌
明時麗郡士知府木公字公恕號雪山嗜學工詩於玉龍山南
十里為園枕籍詩書嘯松吟月嘗以詩質於楊升菴升菴錄其

詩名曰雪山詩選敘而傳之其曾孫木青字松鶴亦工詩刻其詩曰玉水清音集中如輕雲不障千秋雪曲檻偏宜半畝荷舍烟翠篠共詩瘦啄麥黃雞佐酒肥皆佳句也

周雁沙太和恩貢趙紫笈室也工詩善彈琴刻有繡餘吟草集中絕無風雲月露之詞其咏古諸作皆饒有識力猶記其彈琴得小字詩云天際隨陽到水涯雙飛雙宿伴蘆花琴中繹得關心調小字從今篆雁沙可想見其風雅矣

蘂小庚申薌以巳巳廉常出爲富民縣令調補昆明旋陞巧家司馬有句云富民差可容窮吏拙宦何修得巧家可謂匠心獨

運

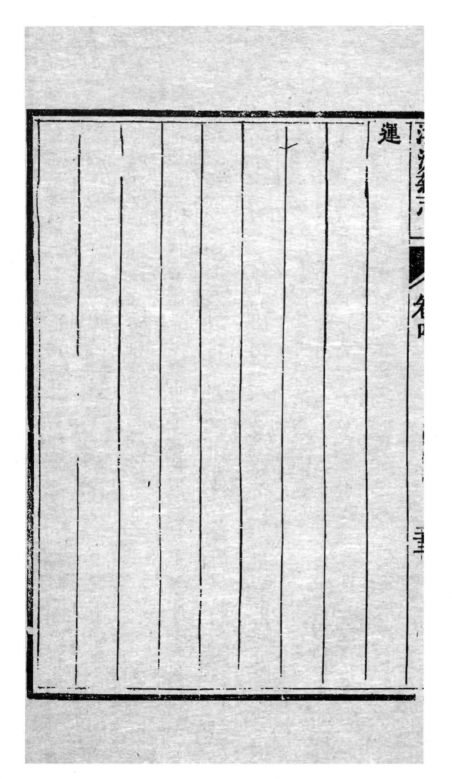